考える技術

思考的技术

珍藏版

〔日〕大前研一 著

刘锦秀 谢育容 译

人民文学出版社
PEOPLE'S LITERATURE PUBLISHING HOUSE

著作权合同登记号　图字 01-2024-2456

图书在版编目（CIP）数据
思考的技术 ：珍藏版 /（日）大前研一著 ； 刘锦秀，谢育容译. --北京 ：人民文学出版社，2024. -- ISBN 978-7-02-018724-9
Ⅰ. F272.3
中国国家版本馆 CIP 数据核字第 202494571U 号

责任编辑　**朱卫净　周　洁**
装帧设计　**汪佳诗**

出版发行　**人民文学出版社**
社　　址　**北京市朝内大街 166 号**
邮政编码　**100705**

印　　刷　**山东临沂新华印刷物流集团有限责任公司**
经　　销　**全国新华书店等**

开　　本　**890 毫米×1240 毫米　1/32**
印　　张　**9.625**
字　　数　**158 千字**
版　　次　**2019 年 3 月北京第 1 版**
印　　次　**2024 年 8 月第 1 次印刷**

书　　号　**978-7-02-018724-9**
定　　价　**79.00 元**

如有印装质量问题，请与本社图书销售中心调换。电话：010 - 65233595

目录

前　言

"思考力差距化"的时代 // I

第一章 **转换思路**

向麦肯锡学习逻辑思维 // 003

科学的思考 // 024

第二章 **逻辑打动人心**

让别人采纳的逻辑构成法 // 043

打动人心的要点 // 058

试着向掌权者建议 // 076

第三章 **洞悉本质的过程**

你能洞悉问题的本质吗？ // 103

坚持对事不对人，企业就可以重生 // 123

第四章　**非线性思维的建议**

线性思维行不通 // 151

为没有答案的问题寻找答案 // 168

第五章　**让构想大量涌现**

产生新构想的思维逻辑 // 195

互联网时代的“大前法则”// 206

摆脱陈旧思维方式的方法 // 213

第六章　**解读五年后的商机**

谁都有能力预测未来 // 231

能预知五年后的世界的思维逻辑 // 244

第七章　**开拓者的思维**

冲破旧商业的障碍 // 269

来吧！让我们迈向荒野 // 285

“思考力差距化”的时代

“新世界”所需要的思维方式

世界经济急剧变化，此次变化的本质是新经济的诞生，所以用之前的经济原则来应对这种新经济是完全不管用的。

日本的领导者未注意到这一变化，而以百年前凯恩斯所提的一般理论为依据，胡乱发行国债、降低利率，导致人民的财产严重缩水，致使经济陷入低迷——“失落的十年”。后来经济有复苏的趋势，但是这些领导者仍然不了解其中的原因。政府所认定的宏观经济学，在新世界里根本行不通。

新经济始于二十世纪八十年代中期，在往后近二十年的岁月里，以戏剧性的飞跃速度产生变革，而且一直持续到今天仍不间断。这一变革可以说和人类发现新大陆之后所发生的变革极为类似。

我很早就注意到了这次变革，所以一直不断研究及探讨新经济所涵盖的意义及其来龙去脉。《看不见的新大陆》《地域国家论》《新资本论》等拙作，几乎都是我根据这种想法所撰写的。

这种新经济就是一块看不见的大陆，但是这块大陆对于经济、政治、社会、企业的影响，是极为重大的。在新经济的冲击下，旧有的价值观将被全部淘汰，一切都将重新来过。

这块看不见的大陆，涵盖了四个空间。

- 延续旧世界的“实体经济”空间。
- 现金流、信息流可以穿越国境自由流通的“无国界经济”空间。
- 由包含互联网在内的各种通信技术所产生的“数字经

济”空间。

- 以自有资金的百倍、千倍的倍数资金流动的“倍数经济”空间。

在这块看不见的大陆上所发生的所有现象，都是由这四个空间所交织的复杂关系产生的。在这个新世界里，旧世界的总体经济原则完全不适用，既有的企业经营手法也已经不管用。

另外还有一大变化，就是热钱流溢。发达国家迈入老龄化社会之后，老年人把花不完的钱，采用年金、储蓄、保险等形态，作为理财的方式，换句话说，这些钱丧失了流通性。所以全世界每个国家今后都会处心积虑、绞尽脑汁，设法让这些钱流动到本国的经济发展中。

不过，本书并不是以说明新经济为目的。我撰写此书的目的，是要把企业家为了在新世界中求生存必须知道的经营思考方法及学习思考路径的知识告诉读者。要在新的世界里拓展事业，必须将旧有的思考路径切换到新的思考路径。为了达到这个目的，只要一有机会，我就会论及在新世界里会发生的各种现象及其代表的含义。

因此，新时代是个会因思考力差异而造成极大差距的时代。换句话说，新时代是个“思考力差距化”的时代。

思考力差距所产生的收入差距

在新经济中，也就是在那块看不见的大陆中，企业人究竟需要什么样的思考方式？直截了当地说，就是“逻辑思考”。或许有人会认为这是理所当然的事，但是日本的企业往往依据他们迷恋的过去的经验法则、过去的成功经验来经营整个企业。结果是既未注意到新经济的来临，也不知道如何应对这种改变，最终陷入“失落的十年”。

新经济是呈倍数形态的，所以由思考力的差距所造成的经济能力差距也是呈倍数的，而且现金流是从全世界流入无国界的世界里。因此，新时代是个会因思考力差异而造成极大差距的时代。换句话说，新时代是个“思考力差距化”的时代。

提到逻辑思考或者是思考力，就会令人想到没有想象力的人实在是太多了。所以本书将以逻辑思考为基础，介绍企业人不可或缺的思考方法。

在第一章《转换思路》中，我要大家放弃无法真正解决问题的思考方法，并传授可以解决问题的正确的逻辑思考方法。这种思考方法，是以我三十年的经营管理顾问经验，也就是以我为数千个个案所进行的指导、诊断、进言为基础所创造积累的。所以，这种思考方法不但可以解决当前的问题，还可以导出合乎逻辑而且绝对正确的解答，对任何性质的工作都是有效的。所以，这可以说是将旧有的思考路径切换至新路径的基本步骤。

但是，在逻辑上导出正确的解决之策后，如果当事者不采纳，经营管理顾问所做的努力将毫无意义。所以在第二章里，我要以经营管理顾问在最后阶段所导出的知识为基础，教大家让当事者接受解决之策的方法，溯其根本就是“能够打动人心的逻辑构成法”。

接着，《洞悉本质的过程》及《非线性思维的建议》这两章，则是在说明弄清新世界各种现象的本质之后，为无解问题找出正确导向的思考方法。内容绝对是旧世界的思考路径无法掌握的。

在这两章之后的《让构想大量涌现》《解读五年后的商机》

这些思考上的技能，都是从我过去不断累积的逻辑思考经验中孕育出来的。所以这些思考技能也可以说是我大前研一的思考方法。

《开拓者的思维》三章，主要是说明在新经济中找出新的价值观，并让企业走向成功之路的思考方式。

这些思考上的技能，都是从我过去不断累积的逻辑思考经验中孕育出来的。所以这些思考技能也可以说是我大前研一的思考方法。

要学会这些思考方法并不容易。但是，只要接触本书所介绍的新经济形态及各种事例之后，再不断反复做那些能够锻炼思考力的训练，相信你必定可以掌握。

懒于求知的人没有生存空间

脑袋只会越用越灵光，世上没有毁于用脑过度的人。

但是日本人几乎不会用头脑，更别说是学习逻辑思考了。究其原因，我认为有两点，而这两点都是考试的后遗症。第一点，父母要求孩子念书时，都会告诉孩子："如果成绩进步，

> 不管我们愿不愿意，我们都会和新经济打交道，而且摆脱不了因新经济而产生的各种戏剧性变化，所以我们一定要持续战胜严酷挑战。因此，我们平时就要锻炼自己的思考力，只有这样才能拥有逻辑思考的武器。

就有奖赏！”让孩子对思考、读书要求对等的报酬，这等于是让孩子养成没有报酬就不愿努力的恶习。

另外一点，就是为考试而读书，所以一考完试，什么都忘了。好不容易学来的东西，到头来一样都没记住。对于这一点，日本人可以说是天才。因为学校所教的东西，几乎从一开始都是有答案的。因此，大多数的日本人事实上是从未接受过思考训练的。

日本人在二十一世纪的新经济中要发展各项事业时，这一事实即成了日本最大的障碍。因为新经济不像牛顿力学，套个公式就可以算出答案。新经济不但是个体系复杂的世界，更是一个所有问题都无解的世界。但是，不管我们愿不愿意，我们都会和新经济打交道，而且摆脱不了因新经济而产生的各种戏剧性变化，所以我们一定要持续战胜严酷挑战。因此，我们平时就要锻炼自己的思考力，只有这样才能拥有逻辑思考的武器。

终身雇用制、年功序列（按照年资、贡献决定职位的制度）、社长和一般员工收入无差距，等等，昔日日本企业的这些制度，现在已全盘瓦解了。企业家的年收入也迈向高出过去百倍的时代。以四十五岁做一个判断点来看，就会发现有人年收入五亿日元，有人年收入五千万日元，而大多数人的年收入则是五百万日元。今后这种差距还会越来越大，或许大多数人的年收入会降到三百万日元。

默默工作到四十五岁，就会有近千万日元年收入的世界，早已经不存在了。

但是，大家不需要因此而畏惧。因为现在有一个辽阔的新世界、一块看不见的大陆，就在你的眼前。在这块大陆上，你有机会创造高于一般人百倍的收入，也可以像 Google（谷歌）和 eBay（全球最大的网络交易平台之一）一样，在短短数年内，创造一个股票市值总额超过一万亿日元的企业。创造这种差距的力量，就是本书要告诉大家的商业思考方法。

比别人多花两倍时间思考的人，就可以拥有十倍于别人的收入。比别人多花三倍时间思考的人，就能比别人多赚百倍的利润。以此类推，比别人多花十倍时间思考的人，当然就有可

> 我只是想提醒大家，不管选择什么样的人生，在新世界里，懒于求知的人将没有生存的空间。

能成为一家市值总额一万亿日元的企业创办者。这已经是现在的新世界法则了。

当然，每个人都有不同的人生目标，我举这个例子，并不是要每一个人都追求高于别人百倍的收入。我只是想提醒大家，不管选择什么样的人生，在新世界里，懒于求知的人将没有生存的空间。

看不见的新大陆，充满了冒险与危机。要想安然度过这个激变的时代，必须从根本上改变既有的思考模式。希望每一位读者都能够通过此书学习到新的思考方法，并成功地成为企业新世界的拓荒者。

第一章 转换思路

解决问题的根本就是逻辑思考力，逻辑思考力不但能够让问题迎刃而解，而且我们一般常说的先见之明、直觉也是从逻辑思考中产生的。但是由于绝大多数人都没有养成逻辑思考的习惯，所以就缺少了能够解决问题的思路。

向麦肯锡学习逻辑思维

“思考”绝非“一时的想法”

我们在职场或者是生活中，常常要面对各种问题。为了解决问题，我们会怎么做？通常第一个想到的应该是：“要怎么做才能解决问题？”但是大多数人好像都不知道为了解决问题该怎么思考、该用什么方法思考，因为这些人都不具备解决问题的思路。

事实上，大多数人在面对问题时，并没有认真地思考，而是单纯地把“一时的想法”称为解决之解决问题的根本就是逻辑思考力，逻辑思考力不但能够让问题迎刃而解，而且我们一般常说的先见之明、直觉也是从逻辑思考中产生的。

策。更令人惊讶的是，大部分企业就是用这种“一时的想法”解决工作上、经营上的问题。这真的非常可怕。

或许有人会进行驳斥：“没这回事，我都是根据经验来做的，绝对错不了。”如果有个人继续问：“你为什么要这样解决问题呢？请说出你的依据！”你能够回答吗？如果那个人又继续问：“你解决问题的大前提，事实上只是假设。你有能够证实这个假设的证据吗？”这个时候，你能够拿出证据吗？

“不做不知道”“我想这么做应该不会有问题”类似这样的回答，都不叫解决之策。

在过去的经营模式完全不适用的今天，我们不能再以过去的成功经验作为依据了。而且很多时候，旧有的观念不但无助于解决问题，反而会衍生出许多困难。

解决问题的根本就是逻辑思考力，逻辑思考力不但能够让问题迎刃而解，而且我们一般常说的先见之明、直觉也是从逻辑思考中产生的。但是由于绝大多数人都没有养成逻辑思考的习惯，所以就缺少了能够解决问题的思路。政要如果没有正确的思路，就会危及政治、经济和整个国家的未来；对商业人士来说，如果没有正确的思路，就无法带领企业接受新时代的考验。

在这个激变的时代，企业经常面对必须要解决的难题。对于个人来说，除了工作，每天也必须面对生活上的各种问题。为了解决这些问题，我们必须具备能够找出真正解决之策的思考路径。

做不到“理所当然之事”

遗憾的是，大多数面临严重问题的企业，在找出解决之策以后，却没有坚决实行下去的执行力。

要解决已经产生的问题，必须要分析问题出在哪里，然后弄清其中的原因，再对症下药。进行逻辑思考，就可以导出这个答案，但是大多数企业经营者都不拥有这样的思考路径。在我看来，具备这种能力是理所当然的事，但是许多企业就是视而不见。也就是因为这个缘故，因循守旧的企业在解决和自己立场、利益相关的问题时，具有反效果的思考路径反而能够横行无阻。

> 我就是运用根据逻辑思考所产生的解决问题的方法，来面对企业无法靠自己的力量解决的所有难题，并为企业导出所有的解答。

日产汽车请来卡洛斯·戈恩担任总裁，让奄奄一息的日产起死回生，在二〇〇三年年度结算时，更是创下史上最高收益的佳绩。戈恩先生因此被奉为“经营之神”，并获得日本政府所颁发的蓝绶勋章。但是在我看来，戈恩先生只是做了他该做的事。“利润不够是因为生产成本太高，请降低生产成本！”“要精减人事费用，请裁员！”戈恩先生接任日产首席执行官，对日产进行了重整。从日产当时的情况判断，戈恩先生这么做是理所当然的。但是日本企业的经营者就是不会做这些理所当然的事。

从在麦肯锡咨询公司工作到现在，我以经营管理顾问的身份处理过的案子已多达数千件。一个企业会找上经营管理顾问机构，一定是碰到了自己无法解决的难题。用较为讽刺的口吻来说，就是企业自身缺乏解决问题的能力，也可以说是企业不具备解决问题的思考路径。我就是运用根据逻辑思考所产生的解决问题的方法，来面对企业无法靠自己的力量解决的所有难题，并为企业导出所有的解答。

不过，经营管理顾问也有做不到的事，那就是“执行”。这是问题的当事者，也就是公司经营者必须做的事。以戈恩先生为例，他最引人瞩目的不是日产改革的内容，而是他强大的执行力。就这一点而言，戈恩先生是值得被大书特书的。

那么，以执行力为大前提的“能够解决问题的逻辑思考法”又是什么呢？对于这一点，我想通过之前编写的经营管理顾问技巧告诉大家具体的方法。我之所以会这么做，是因为会用到逻辑思考法的，除了企业经营者之外，也包括公司内部的企划团队，而这也是对所有商业人士有益的方式。

不要把假设和结论混为一谈

经营管理顾问的工作，从分析业界数据、企业数据开始，然后再以分析结果为基础进行思考。如果假设这个行业处于衰退中，成长明显趋缓，应该压缩包含开发新商品在内的各种投资，在这种情况下，必须注意的是，“这个行业处于衰退中”只是一种假设，不是结论。所以要建议客户压缩投资，就必须证明衰退的假设是正确的。为了向客户证明这一假设是正确分析数据后所整理出来的资料，只不过是假设。但是大部分企业经营者或工商业者，就把这个假设当结论了。

的，就必须再着手搜集证据，并分析证据。在搜集及分析的过程中，各种问题就会浮现出来了。

分析数据后所整理出来的资料，只不过是假设。但是大部分企业经营者或工商业者，就把这个假设当结论了。于是在认为已经“得到结论”的安心状态下，忽略了从搜集证据、印证假设到导出真正结论过程中的逻辑思考。

以和服业为例，日本和服业的市场一年比一年小，近二十年来，每一户人家的妇女和服支出费更是比以往减少了一半。今后随着日本家庭少生孩子的趋势增强，许多人预测和服的市场将会越来越小。光看这些数据，认为和服行业就是衰退行业，应该没错吧?

但是我们不能在这个阶段就下结论。进一步分析数据，或许就会知道和服整体的销售额虽然滑落了，但是单价不高的夏季浴衣销售量并没有减少，而且浴衣的主要客户群是年轻女性，或许从其他的分析里也可以看出年轻人其实对和服很感兴趣。由这些分析，我们就可以提出不同的假设，例如和服业的确是衰退行业，但是仍有以年轻人为主力的潜在需求。

接着，再继续为这个假设搜集并分析资料，就可以得到“与其努力设计新的高级和服，不如着手开发适合年轻人品位的新款和服”，或者“把和服当作新事业，为和服在新的领域求得再生”等结论。这些结论和最初的假设完全不同，但是有些案例就是如此。

重要的不是假设而是结论。有的经营管理顾问虽然会错把假设当结论，或者给客户的建议是“要解决这个问题很困难”，但是应该还不至于愚蠢到告诉客户“和服业已经衰退了，要提升营业额是非常困难的”。因为这种建议不但不能替客户解决问题，也浪费了自己的时间和精力。任何问题都有解决之策，当然从业界撤退、把公司转让也是解决问题的方法。总之，世上没有解决不了的问题。

认清现象和原因的不同

从证实假设到导出结论的过程中，最重要的就是弄清楚发生问题的原因是什么，但是大多数经营者和企业经理人只看到所以最重要的是在各种现象之中找出真正的原因，绝不能在列举了各种现象之后就停止思考。

问题的现象，却看不到产生问题的原因。

现象终究只是现象，不是原因，大多数人却不了解这种理所当然的事。

例如，有位客户提出的问题是，某样商品的销售业绩没有起色，客户认为原因是营业人员士气低落、产品质量不佳、价格太高，等等。我接下这个案子之后，亲自到客户公司的营业现场和相关人员进行交谈。在交谈过程中，现场工作人员都说出了他们认为的原因，主要有三点，即营业人员士气低落、单价太高卖不出去、产品质量低劣。

但是这些其实都不是原因，而是现象（结果）。事实上在许多个案中，真正的原因只有一个，而其他都只是这个原因导致的现象。

不找出真正的原因，就别期望解决问题。所以最重要的是在各种现象之中找出真正的原因，绝不能在列举了各种现象之后就停止思考。

如果营业人员士气不振，大家可以办个活动，吃吃喝喝吐吐苦水之后，大喊一声“从明天起开始加油”，但是如果真正的原因是产品有问题，这么做显然没有用。

最糟糕的是试图改善所有的现象，也就是说既想激励营业人员，又想降低价格、改善产品质量。但是降低价格、提升质量之后如果没有了利润，就是一种自杀行为；不停地督促员工、激励员工，弄得员工疲惫不堪，士气将更低落。总之，在原因不明的情况下，企图改善各种现象，只会使业绩不升反降。换句话说，这么做只会让企业陷入失败的旋涡里。所以在急着找出解决之策之前，必须先弄清产生问题的原因。

“全方位努力”的想法是错的

那么，我们该怎么弄清产生问题的真正原因呢？

例如，有一家销售机器的 A 公司，它所面临的问题是市场占有率太低。为了找出产生问题的原因，首先要搜集 A 公司及业界的资料分析。分析之后可以知道，A 公司的市场覆盖率为 70%、A 公司的竞标得标率为 20%。

这两个数字的意思是说，如果市场整体的竞标案子一年为一万件，其中有70%是A公司业务覆盖的地域范围。但是由于竞标时的得标率只有20%，所以A公司的市场占有率就只有14%了（70%的市场覆盖率乘以20%竞标得标率等于14%）。看到这个数字，难怪业务员会士气不振。

分析到这个阶段，如果是我，我会这么思考：激励业务员的士气，将市场覆盖率从70%提升到80%，竞标得标率仍维持20%，80%乘以20%等于16%。也就是说，14%的市场占有率只不过增加了2%。

但是假设竞标得标率能够提升到50%，市场覆盖率仍维持现状，市场占有率就可以提升到35%（市场覆盖率70%乘以竞标得标率50%等于35%），也就是之前的2.5倍。所以要选择提升市场覆盖率，还是提升竞标得标率，答案就非常明显了。

了解了这一点之后，在下一个阶段，就要开始针对提高竞标得标率进行资料搜集和分析。先看看业务员在提升竞标得标率上到底花了多少时间，然后再调查其他同行竞争对手，分析产品的价格之后，再考虑是否要给委托客户一些建言。如果为了提高市场覆盖率，每个业务员都疲于奔命，考虑降低市场覆盖率也未尝不可。因为如果以市场覆盖率降到60%、竞标得标率提升到50%为目标，而且真的得以实现的时候，就等于获得了30%的市场占有率，这个数字是眼前市场占有率的两倍之多。

“跑断腿也要把整个市场揽在怀里”“只要投标就一定要赢”……许多经营者对任何事情都抱着全方位努力的想法。这种想法很明显是错误的。就以这个案子来说，经营者应该对业务员说：“不要再疲于奔命了！静下来写一份制胜的企划书吧！”

找出真正原因的实地访谈法

那么，该如何提高A公司的竞标得标率呢？搞不清状况的经营者可能会说：“为了提高竞标得标率，就努力提高产品质量，并同时降价吧！”但是，采取这种做法之后，如果利润变得微薄，公司的经营状态势必越来越糟。

这个阶段还不到导出解决方案的时候。在给出结论之前，我们还必须搞清楚竞标得标率低的原因是什么，到底是商品的问题呢，还是定价出了问题。即如我在前面提到的，我们一定要知道什么是现象、什么是真正的原因。

如果是我，首先我会针对每一个地区、每一个业务员，搜集竞标时的得标率资料，并加以分析。假设A公司有五百位业务员，我就得看完这五百位业务员的投标单。如果所得到的结果是各地区并没有明显的差异，但是有些业务员的得标率是80%的话，就知道问题不是出在商品质量的好坏上。因为如果商品的质量真的那么糟糕，业务员不可能有高达80%的得标率。当然，如果全国只有一个业务员有这么好的成绩，则又另当别论。因为这个业务员有可能是天才，或者他有强大的背景，所以我们视这种情形为特例。

了解了这个事实之后，我会立刻动身进行实地访谈。我要访谈的对象不是营业部门负责人，而是最前线的业务员。因为和管理层交谈，只会听到一大堆的交际辞令、借口、抱怨，对我了解实际状况毫无助益。

这个时候，我会请营业部负责人安排得标率高的业务员与我见面，坐在我的右侧，得标率较低的业务员坐在我的左侧，业绩中等的业务员则坐在中间，然后以三人一组的方式进行访谈。由于我事先知道他们的业绩，所以当我问他们是怎么销售产品之后，从他们的回答中，马上就可以了解他们之间的差别了。事实上，在这个阶段，我是在为分析原因及寻找改善之策做访谈。

由于业务员并不知道我安排他们这么做的目的，所以连业绩不佳的业务员也会说得头头是道。根据我个人的经验，业绩不佳的业务员，最善于说明商品的质量不良，例如使用的时候会有噪声、产品的尺寸不合乎办公室的需求，等等，总之，他们就是能够滔滔不绝地说出一堆商品卖不出去的理由。其实他们只不过是把平日客户的不满当作商品卖不出去的借口而已。

但是业绩好的业务员不找借口。面对客户的不满时，他们会说："的确会发出噪声妨碍到你们工作，但是只要不放在办公桌旁，你们就完全听不到了。"或者是说："那其他公司的产品呢？以同等水平的产品来说，我们公司的产品可是最袖珍、最不占空间的。"也就是说，这一类型的业务员都具有随机应变的谈话能力。

如果事前不知道他们的业绩，就有可能错把业绩不好的业务员所说的借口当成是真实的声音，最后导出了莫名其妙的结论。

绝对必要的验证过程

为了进行实地访谈，我的足迹会遍及全国。进行实地访谈时，必须先把卖场的类型划分清楚，例如大城市卖场、郊外卖场、乡村卖场等。这么做，才能让业绩好的人及业绩不好的人的差别无所遁形。

有一点我想再重复一下，那就是前面提到过的“销售不佳的原因，至少不在商品”，在这个阶段，这还只是一个假设。这个假设的前提是“如果销售不佳的原因在商品，就不会有得标率高达80%的业务员”。事实上，当我进行实地访谈时，就可以对这一假设进行验证了。如果能够从中得到足以印证结论的结果，就会让我更有信心确定这一假设就是结论。

与此同时，我也要思考如何让大多数业务员都能拥有80%得标率的好业绩。例如：该让他们接受什么样的训练、公司该如何有系统地鼓励业务员，等等，这是为下一阶段提出解决方案必须要做的工作。

要走遍全国，大概需要一个月左右的时间。如果有些地方我无法亲自去，我会做一份工作指南，指示实地访谈的方法、步骤，交给工作人员，再和工作人员分工合作跑遍全国。当实地访谈结束时，我对现场的各种问题也几乎都了然于胸了，甚至还获得了连经营者都不知道的绝佳的鲜活信息。

也就是自己感觉有十足的把握，确定这个结论绝对没错之前，一定要挪动双脚亲自走访现场。事实上，我从来没有一次是在企划室中研究数字之后就得出结论的。

从这个例子中我们就知道，经营管理顾问机构如果实行金字塔形的组织形式，一定会失败。因为处于金字塔塔尖的领导者，只会下达指示让部下去看现场，自己却看不到现场的真实状况。客户对我的假设感兴趣，大都是在现场谈话的时候。因此，至少在提出有分量的假设之前，经营管理顾问机构的领导人必须亲自到现场走一趟。派遣工作人员去做，的确可以达到一定的业绩量，但是交由下属去导出的假设是没有价值的。事实上，我不但对经营管理顾问机构这么说，对企业经营者也是这么说。

面对问题时，只要对所搜集的资料做某种程度的分析，的确隐隐约约就可以看到结论了。但是即使真的如此，在导出结论之前，还是必须到现场实证一番。也就是自己感觉有十足的把握，确定这个结论绝对没错之前，一定要挪动双脚亲自走访现场。事实上，我从来没有一次是在企划室中研究数字之后就得出结论的。

不能作为解决方案的就不是结论

累积实地访问的结果，假设我们可以得到两个结论：一、销售业绩无法增长，问题不是源自商品，而是业务员的销售方法；二、业务员的销售方法不对，是公司对业务员的培训有问题。

但是，在我的经营管理咨询公司里，这还不能称为结论。因为客户要的是怎么做才能解决问题，也就是我们必须导出解决方案。有的经营管理顾问或许会以像是提出解决方案的冷静口吻说："应该致力于业务员的培训！"其实这种人没有资格当经营管理顾问。

以 A 公司的案子来说，最好的方法就是指定五位全国业绩最好的业务员，由他们来为其他业务员做培训。要在全国找五位可以培训其他业务员的优质业务员并不难，所以如果是我，我会提出包括遴选指导人员、培训方法、构建公司内部系统在内的具体解决方法。因为当我实地走访时，常会听到业绩不好的业务员说："如果我也会这个业务员的销售方法就好了。"

当经营管理顾问只简单地说一句业务员需要再培训时，一般的公司领导往往就会大手一挥，将业务员的培训交给公司的人事培训部门处理。于是，业务员在人事培训部门的安排下，开始一连串刻板无聊的训练，例如：“介绍产品时不能直接看客户的眼睛，而是要看着客户的领带说话。”这种训练和销售商品根本毫无关系。所以，就算好不容易得到正确的结论，知道问题源自业务员销售的方法，也无助于改善销售状况。

除此之外，我还会试着和业务员同行。在实地访谈中，如果发现令人担心的事，我会问业务员明天的预定行程，然后要求业务员让我与他同行一日，即使为此取消我自己第二天既定的行程也在所不惜。行前我会将准备好的录音机放在公文包里，记录业务员和客户说了哪些话、客户有什么样的反应，等等。这么做可以让我明白许多之前所不明白的事。

和业绩不好的业务员同行，你可能会发现业务员笔记本上写着拜访客户数是七位，可是事实上一天能跑四位客户就已经很勉强了，借此才明白：“莫非平常多报了营业件数？”

我还有过这种经验，我和某个公司的业务员在川崎车站前碰面后，开车前往客户公司，却在车站周边的巷子里出不来了。他一面说“啊！好奇怪！怎么会这样！”，一面在同样的地方绕圈。最后，他跟我说：“对不起，大前先生！能不能请你如果不能直接告诉客户这么做就可以解决问题，就不能算是真正地解决问题。而且真正的解决方案，必然源自现场。

在这里下车走过去？”结果我们把车停在车站附近，步行到客户公司。这就是业务员翘班偷懒的最好证据。

不敬业的业务员，可能不会认真做好投标工作，也不会认真拜访客户，为这种业务员安排再多的培训都是枉然。由此我又可以推导出两个结论：一、应该解雇业绩排名在一百名之后的业务员；二、应该取消固定薪资制，采用绩效奖金制度。

如果不能直接告诉客户这么做就可以解决问题，就不能算是真正地解决问题。而且真正的解决方案，必然源自现场，如果不曾到过现场，只凭所看的数字，能够说的就只有“业务员不够，应该增加人手”“和竞争对手相比较，只要有四百名业务员就够了，所以应该解雇多余的一百位业务员”。但是，当出现反对的声音时，就无法说服他们了，因为并没有足够的证据支撑这个结论。如果能够借着现场访问验证心中的结论，马上就可以针对反对的声音做出回应。

现在，我们就以此例作为练习题，试着做更深入的思考！

练习题

假设定价不合理是业绩无法提升的原因，你会怎么做？

解说

因为问题在于定价不合理，所以只要降价销售就可以了啊……千万不要这么轻易就下结论。如果有人问："降价有利润吗？"你就回答不出来了，或者笼统含糊地回答一句："只要以合理的价格销售就可以了！"有人质问："合理的价格到底是多少呢？"你也同样无法回答。

碰到这种问题，如果不做某种试验，是得不到结论的。

通过试验了解价格弹性值

如果是我，首先我会到主管那儿走一趟，把所有申请过特别折扣的案子调出来，仔细查看一遍。我这么做是要了解打折时候的竞争获胜率和不打折时候的竞争获胜率有多大的差距。如果打 9.5 折时，竞争获胜率是几成，如果打 9 折时，竞争获胜率又是几成，以此类推，就可以画出一条打折率和竞争获胜率的函数关系曲线图。

销售数量随着价格变动所产生的数字变化指针，就是价格弹性值。我们只要看这个曲线图，就会知道打折到什么程度，竞争获胜率会急速上升。此外，我们也可以通过分析过去的竞争获胜率，了解打了折之后，是不是就真的稳赚不赔了，因为打折之后是否能够确保利润，也是我们必须要考虑的。

接着，我会利用下一个月的时间，有计划地进行试验，看看改变价格到底会让竞争获胜率产生多大的变化。这就叫科学试验计划法。

试验的结果，如果是只要打 9.5 折，竞争获胜率就会提升，我就要开始针对打折做检讨了。因为如果可以确认营业额增加的结果，会让边际收益（从卖价中扣除变动费用之后，得到的收益数字）的总和也增加，就表示利润也会增加；但如果是不打 9.5 折，就一定输，即表示就算营业额增加了，也无利润可言，在这种情形下打折，就是一种自杀行为。

如果看得更仔细，应该还可以看出价格弹性值会随着竞争对手的不同、地区的不同而有所不同。例如如果竞争对手是 B 公司，不打折也能赢；如果竞争对手是 C 公司，没有相当大的折扣，根本没有赢的机会，所以打折只是浪费时间，等等。这些更细微的数据，都有可能在曲线图中觅得蛛丝马迹。

有些时候甚至还可以看出就算提高定价，也不会影响竞争获胜率，所以提高定价，反而增加收益。例如，有一种商品，我会利用下一个月的时间，有计划地进行试验，看看改变价格到底会让竞争获胜率产生多大的变化。这就叫科学试验计划法。

以原本的定价来卖，毛利是25%，但是将售价提高5%之后，毛利即增加20%（假设该商品的售价是一千日元，毛利就从二百五十日元增加到三百日元，等于比原来的毛利增加了五十日元）。因此，即使营业额减少了5%，总利润还是保持不变。

做过数据分析，进行过实地访谈，也做过有计划的试验后，如果仍然无法完全证实自己的假设，就必须再次针对自己认为不够周全的地方，重新搜集、分析资料，进行调查、试验，直到坚信这个结论绝对不会错。

科学的思考

在麻省理工学院学到的科学解决法

在解决问题之前，必须不断重复假设、验证、实验。这种程序事实上和我在麻省理工学院研究所进行的各种原子炉实验程序是完全相同的。

科学论文的最后一部分，一定是结论，而且这个结论一定是被实验验证过的。为了不让别人有批判纠正的机会，写作论文的人一定会竭尽所能重复以上程序，直到认定“我做了那么多的实验，这个结论绝对错不了”。

我自己原本也是一个科研人员。当我还是早稻田大学理工学部应用化学系一年级新生的时候，因为看清了石油化工未来暗淡的前景，遂开始自修核能，考进了东京工业大学（东工大）研究所原子核工学系。研究所的课业结束之后，我的英文硕士论文不但通过了学校的审核，还顺利通过了麻省理工学院的研究所公费留学考试。

不管是在东工大的研究所还是麻省理工学院的研究所，我研究的都是核能。但是到美国之后，才发现日本和美国研究的差距竟然大得惊人。

首先让我感受最深的，就是美国核能研究的超高水平。在麻省理工学院中，我有一百三十位同学，其中大多数都曾是美国海军核潜艇上的机组人员，他们不但优秀，还熟知原子炉的实际操作。有这些同学当对手，我在麻省理工学院学习的时候当然非常注重实践。

只要提到原子炉的操作法，他们的思维模式及发言内容就异常深入，和只念书的日本学生比起来，水平明显高出了一大截。我在东工大研究所上课的时候，老师一边解释美国的研究一边上课，一切始于抽象的算式，也结束于抽象的算式，总之，我们研究的始终都是理论。这和必须在算式上套上具体的数字后再进行思考的麻省理工学院实务研究相比，当然有极大的差距。

其中最让我困惑的是我在麻省理工学院接受博士学位考试时所发生的事。考进博士班之后，我看了过去的考题，认为题目并不难，所以很快就报名参加博士学位的考试。结果在答案全对的情况下，我却落榜了。根据学校的规定，参加博士学位的考试如果两次不过，就会遭到退学处分，因此，这次的落榜对我来说是相当大的震撼。

考试的题目是："在月球上造一个虚拟的原子炉，如果插入一根和地球上同样构造的镉控制棒，当镉控制棒停止上下运动时，炉心的温度上升了几度？这种温度安全吗？"要计算炉心上升的温度并不容易，我的答案是"上升了2.8度。这个数字是安全的"。2.8度是正确答案，在所有的考生之中，能够正确计算出来的只有我，可是我落榜了。

我去问老师原因，老师给我的回答是："你的数字是对的，但是对思考的过程，并没有明确的说明，这对一个工程师来说，是非常危险的。"另外，我又发现通过考试的学生，虽然算出来的数字是错的，但是对于"这种温度安全吗？"展开了自我辩论，洋洋洒洒地把自己的思考过程，例如"为什么在重

> 在现实社会里，只要拥有逻辑思考力，答案随时都会出现。

力比较小的月球上，做和在地球上一样的动作是危险的？该怎么做会比较安全？”，等等，全都写在答案纸上。

在现实社会里，只要拥有逻辑思考力，答案随时都会出现。因为我们不但有充裕的时间，还可以使用电脑。但是在轻视逻辑的状态下拼命找答案，只会浪费更多的时间，这是非常危险的。

日本的考试都是在考套上方程式后答案对不对，美国则是考学生有没有能力将方程式导出来。这个时候我才深刻地领悟到，我必须从头开始学习。

此后，我不厌其烦地进行各种各样的实验，然后埋头写论文。结果我用了两年零九个月的时间，成为我们班第一个拿到博士学位的学生。

就因为我在麻省理工学院学了逻辑思维，才有今天的我。头脑中组织思路的方法，让我的人生在各方面都受益无穷。

三十岁，我从零开始

麻省理工学院博士班毕业之后，我进入日立制作所，被派到日立工厂核能开发部炉心设计科。但是当时进行核能开发的动燃（开发动力炉、核燃料的事业集团，也就是现在的核燃料循环开发机构）、东京电力对于采用不是通用电气公司开发的技术表示有困难，所以日立决定放弃自主研发，直接从通用电气公司引进技术。我们设计组的成员对于自己的技术非常有信心，所以对此决定极力反对，但是公司并没有采纳我们的建议。

当我知道“要制造由日本人设计的原子炉”的梦想不可能实现的时候，我在进入日立制作所的第二年，也就是一九七二年，选择离开了日立。那一年，我二十九岁。这是我从石油化工改换跑道进入核能领域之后，第二次让自己的人生“归零”。

第一次归零的契机是发生在大一秋季校庆，为班上准备发表和石油相关的研究报告时。在对石油展开各种调查的过程中，我发现了一篇由美国人发表的研究论文。这篇论文强调“依现状预估，石油资源会在三十年后枯竭”。就因为这篇研究论文，我决定开始研究可以取代石油的能源——核能。

> 所以如果发现自己的假设是错的，重新做假设，再次出发就行了。我认为一直悔恨自己的人生，与固执于错误的假设是一样没有意义的。

但是事实上，距离那篇论文发表时间已有四十年之久的今日，人类仍然继续开采石油。但是那个时候，我竟然对石油会枯竭的错误假设信以为真，我的判断真的完全错误。当时我只考虑到如果核能发电能解决日本及全世界的能源问题，将是人类的一大福祉，却从未想过建核能发电厂会被人们扔石头反对。

虽然如此，我一点都不后悔，因为这条路是我自己判断、自己选择的，知道错了，只要立刻“归零”再做修正就是了。所以如果发现自己的假设是错的，重新做假设，再次出发就行了。我认为一直悔恨自己的人生，与固执于错误的假设是一样没有意义的。

后来我进入全球知名的麦肯锡公司，实属无心插柳。当时，麻省理工学院的教授热切地希望我回到研究室，还有另外几家企业也频频向我伸出“橄榄枝”，日立公司的研究部门及国际部也发来邀请。

但是某一天，我无意中在英文版的《日本时报》(*Japan Times*）上看到一则征“化学工程师”的招聘广告。我抱着好玩的心态试着联络。其实刊登广告的是一家人力中介公司，这家公司看了我的履历之后，为我介绍了好几家公司，其中一家就是麦肯锡。

麦肯锡在我应征的前一年才到东京开设事务所，所以我和人力中介公司对于麦肯锡的认识，除了知道薪水很高，其他都一无所知。当时我还以为咨询公司就是机器工程方面的咨询公司。人力中介公司一直以“如果我能进入高薪的公司，他们也能得到高额佣金”为由，对我进行游说。

事实上对我来说，不了解麦肯锡是家什么样的企业，反而觉得它有种神秘的魅力，所以我答应接受面试。在这之前，我一直都在设计原子炉，对于经营管理真的什么都不知道。面试的时候，我还问他们：“什么！你们要的不是顾问工程师？”“经营管理顾问是做什么的？”

但是我莫名其妙地被录取了。后来我才知道，八位主考官中的七位不是投保留票就是投反对票，就因为“硕果仅存”的一位强力推荐，所以他们最后决定遵照麦肯锡一贯的做法，采用具有某种突出能力的人才。

当时麦肯锡传统的用人标准是，如果每位主考官都画圈圈，不录用；有人画双圈圈，有人画叉叉，录用；有一人或两人疯狂推荐，录用。我之所以被录用，就是因为来自英国的迈克·荷根给了我“特别醒目的双圈圈”。前些时候，他的一位朋友告诉我，直到现在他还常向朋友提及此事，并以此为傲。

就在荷根先生的推荐之下，我走进麦肯锡公司，让我再次“归零”之后的人生重新迈出第一步。

经营分析和科学研究是同一种逻辑思维

刚进公司时，我是个新人，更是个外行人。刚开始的时候，由于对经济用语一窍不通，还得把现金流置换成原子动态，才能了解是怎么回事。

但是我丝毫不排斥在麦肯锡的工作。刚进入麦肯锡时，和我搭档的经理是早我三年进入麦肯锡的安格斯·卡宁厄姆先生（Angus Cunningham）。他的逻辑思维方法和我的科学思维方法，真是配合得天衣无缝。现在回想起来，当初能够和卡宁厄姆共事，我真是太幸运了。

卡宁厄姆自英国有名的贵族学校伊顿公学（Eton School）

先分析客户提供的数据、业界的数据，做成图表，提出假设，然后再搜集并分析可以让自己的假设成立的证据，等等。

毕业后，考进了剑桥大学，是位非常典型的优等生，他对逻辑构成、重点分析都执行得非常透彻而深入。就连在一般对话时，不论我说什么，他都会咄咄逼问："有何证据?""你是基于什么分析而这么说的?""为什么会有这个结论?"当时我并不了解公司其他人的做法，所以下意识地认为这应该就是麦肯锡式的做法，后来才知道，事实上根本不是这么回事。

十年后，我因私事，曾和卡宁厄姆见面叙旧。那个时候，他已经离开麦肯锡公司，但是说话的方式仍和从前一模一样，这是不是应该叫怪癖呢？总之，他就是这么有个性的人。

但是，卡宁厄姆的怪癖对我来说却是幸运。不管如何，我原本是个工程师，要我依道理进行思考、完成逻辑结构，都是我所擅长的。所以卡宁厄姆所说的事，我不但很快就能了解，而且应用在经营上也非常顺畅。因此，虽然我是以新手和外行的身份进入麦肯锡的，做起事来却充满了自信，因为我发现做经营分析其实和进行科学研究没什么两样。

先分析客户提供的数据、业界的数据，做成图表，提出假设，然后再搜集并分析可以让自己的假设成立的证据，等等。我和卡宁厄姆共事的一年半时间里，就以这种逻辑思维为基础，完成了数量相当可观的经营分析案例。

累积事实才能导出结论

年纪不到三十岁，虽然名为经营管理顾问却是大外行的我，竟然要去给六十多岁的企业领导人提建议，现在想起来都觉得可怕。但是我所提的建议，都是经过无数的假设、验证、实验才得到的绝对不会错的结论，所以即使面对年龄如父辈的经营者，我也毫不畏惧。尤其是通过实地访谈所累积的事实，更是具有举足轻重的分量。

以大量的资料及累积的事实为根基，导出敏锐的结论之后，我才会向客户提出建议。即使只看过去的数据，我也可以立刻提出详细的建议。因为不管怎么样，我都比企业的经营领导层更了解公司最近的实际情况，所以我根据足以印证事实的资料所做的提案，绝对让客户信服。

在麦肯锡的两年中，我不知不觉就分析了将近两千件案以大量的资料及累积的事实为根基，导出敏锐的结论之后，我才会向客户提出建议。

子。刚开始的时候都是我自己进行分析，后来发现凭我一人之力实在不堪重负时，才开始请客户从自己的公司里调派约三十名人员，和我共组一个团队，进行相关的业务。

首先由我提出假设，再请这些人员搜集可以印证假设的资料，然后再按我的指示进行分析。也就是说，我以团队总指挥的身份，为他们安排求证的程序。例如："这个做完之后，再做那个。""如果分析的结果是这样，就进入 A 阶段，如果不是这样，就进入 B 阶段。"我就像一台空白图表印刷机，提出假设之后，就开始印制空白图表，然后指示团队中的其他人把图表上所有空白处填满。从"纵轴是这样，横轴是那样"到"请这样导出结论"的过程中，所有数据的选取、图表的做法、分析法，等等，我都一一下达指示。

至于实地采访，由于他们是同一家公司的人，难免会发生人员面有难色或者是影响人际关系的事情。如果关系到企业员工的隐私权，我就会亲自处理，或者请麦肯锡的同事按照我的指示进行访谈。

我是个非常不喜欢重复做同一件事的人，所以后来我决定只要是我做过的事，就做一份手册，让任何人都可以据此导出正确的结论。就像销售人员管理（sales force management）、产品市场发展策略（product market strategy）、绩效测评系统（performance measurement system）一样，先将各个项目详细分类，再做成一份份的套装手册。当碰到同一种类型的工作时，我就可以把这些套装手册交给麦肯锡的其他工作人员，再下指示。因此，只要是做同一类型的分析，马上就可以用这种手册进行数据搜集、分析、提议。

因此，进入麦肯锡两年之后，我就可以在客户的公司指导一个大型的经营管理顾问团队。后来这一份份由我开发的套装手册，成了整个麦肯锡公司的珍贵资产。

麦肯锡的菜鸟备忘录成了畅销作品

我的第一本著作是《企业参谋》。出版时间是我进入麦肯锡的第三年，也就是我三十二岁那一年。碰到任何情况，我都习惯随手记下来，进入麦肯锡之后，我就将自己所学到的新知识记在大学的笔记本上，而《企业参谋》就是以笔记本的备忘事项为材料编辑成书的。结果这本书竟然成了企管类书籍中的畅销书。后来，美国以出版经营管理书籍著称的麦格劳-希尔国际出版公司（The McGraw-Hill Companies）以 *Mind Of The Strategist* 为书名，翻译出版了这本书的英文版，接着好几个国家也前来洽谈版权，于是，这本书就成了全世界的畅销书。这是我三十三岁那年的事。可是开始写书，也就是开始写备忘录，是在我进麦肯锡的头一年。

《企业参谋》成了畅销书之后，大家知道我是麦肯锡的一员，委托麦肯锡为企业诊断治疗的案子一下子全涌进了麦肯锡东京事务所，事务所上上下下忙翻了天，业绩更是呈现快速增长。连麦肯锡公司内部都在谈论“为什么一个才进公司的人，可以写出这么畅销的书”。

后来我所设计的《销售管理模块》《产品市场战略》等手册也获得好评，翻译成英文后，即分送到世界各地的麦肯锡事务所。结果因为“大前的分析手法很有趣，大家一起学吧”，许多人专程跑到东京事务所来实习，或者是邀请我去演讲，于是，我就开始在全世界做巡回演讲。我是麦肯锡的新人，却到麦肯锡在世界各地的事务所做巡回演讲，扮演这种角色真的很怪异。

当时能够向总裁级人物提出建议的企管顾问，大都是年届退休、有丰富人生经验的“白发顾问”。但是我只是个没有经验、对业界一无所知、年纪才三十岁出头的年轻人。虽然如此，我已经有能力收取高于一般顾问十倍的佣金，并向精明干练的总裁级人物提建议了。当然，也有公司的同事会抱持怀疑态度，认为：“把这个案子交给这个年轻小伙子，真的交得出成绩单吗？”但是事实就在眼前，不论是市场占有率、获利空间，等等，只要是客户委托的案子，我全都能一一给出解答。

至于我是怎么做到的，当然就是根据我在前面不断提到的解决问题的技能了。

锻炼解决问题的思考力

简单来说，经营管理顾问的工作，就是为企业找出他们自己无法解决的问题并提供解决方案，再对企业客户进行提案。为了完成这项工作，经营管理顾问就必须搜集数据，进行分析，提出假设，然后再为印证假设进行现场访问，反复做各种解决问题的能力，就是为印证假设不辞辛劳的行动力，也可以说是为获得绝对正确的答案而努力动脑的深层思考力。

实验。如果自己提出的假设无法获得实证，就必须再重新进行必要的现场访谈或其他的实验，直到有信心认定自己的假设绝对错不了。

这就是导出问题解决方案的科学方法、逻辑思维，其结果一定可以得出合理而且正确的结论。这种解决问题的方法适用于任何人、任何问题，绝不是只有经营管理顾问才用得上。

大多数人都会在提出假设的阶段，就认为已经得到结论了。事实上，真正的成败挑战才刚要登场。解决问题的能力，就是为印证假设不辞辛劳的行动力，也可以说是为获得绝对正确的答案而努力动脑的深层思考力。

解决攸关公司生死大问题的机会，一生中可能不会有几次，但是就像武士不上战场仍要练剑一样，平时锻炼解决问题的思考力是非常重要的。

当脑子习惯思考之后，思考速度自然会加快，于是我就从每天一道题目，进步到每隔一个车站都可以思考一道新的题目。

解决问题的思维训练法

我是在一无所知的情况下进入麦肯锡的，所以我比别人加倍努力。其中一项就是思维能力的训练。

当时我是从横滨出发去公司上班的，所以每天早上就利用从横滨到东京车站的二十八分钟通勤时间，给自己一道题目，然后思考如何解决。例如，一眼看到垂吊式的车厢广告，就以这个广告为题目，思考：“如果这家广告公司的总裁要我协助他们公司提高业绩，我该怎么做？”当脑子习惯思考之后，思考速度自然会加快，于是我就从每天一道题目，进步到每隔一个车站都可以思考一道新的题目。看到一个不同的广告，马上就提出假设“如果这么做一定热卖”，然后思索该搜集什么资料、该怎么做分析，等等，也就是说，我在训练自己的脑子，可以立即将解决问题的所有过程组合起来。

由于每天反复做这种训练，所以面对大部分问题时，我大概只要三分钟，就可以把解决问题的步骤、过程全都组合起来。现在，客户只要讲一句话，我的脑中瞬间就会浮现一条通往解决方案的具体思路。

这就是组织解决问题的思维训练。题目是无所不在的，如果你也能像我一样训练自己的脑力，就一定能够提升解决问题的能力。一天努力看不出差距，可是天天努力，很快就有明显的差别了。

最后，我给大家一道题目，既可以训练思维，又对工作非常有实际效用。这道题目就是："如果你的职位比现在高两级，你会怎么做?"每一家公司、每一个企业，应该有各种不同的问题。如果你现在是员工，就以中层领导的立场来思考；如果你现在是中层领导，就以高层领导的立场来思考。请做深层思考，想一想如果你是领导，你会怎么解决公司的问题。

练习题

你认为你们公司应该解决的最大问题是什么？如果你的职位比现在高两级，为了解决这个问题，首先你会做什么？

但是你的公司为什么不这么做呢？

请举出公司不这么做的三个理由，并针对每一个理由写出如果你的职位比现在高两级，你会如何克服。

第二章 逻辑打动人心

提建议时，有让对方采信的方法，当然我所谓的方法，并不是靠花言巧语将对方生吞活剥的伎俩，而是有逻辑思维做保证的思路。

让别人采纳的逻辑构成法

从提案中学习建议的技巧

我在前一章所阐述的是以我的经营管理顾问技巧为根本，再依据逻辑思维来解决问题的方法。但是在工作现场，无论你导出的结论有多么正确，所提出的解决方案有多么完美，只要客户不采纳，一切都是白费力气。

经营管理顾问是企业花了大价钱请来的，所以，当经营管理顾问的建议要付诸实行时，企业会当然我所谓的方法，并不是靠花言巧语将对方生吞活剥的伎俩，而是有逻辑思维做保证的思路。

表现出最大的适应能力（因为不能白白浪费所付的钱）。如果是企业内部提出的计划，就未必享有这种优势，所以，顾问必须有让客户采信自己建议的能力。

提建议时，有让对方采信的方法，当然我所谓的方法，并不是靠花言巧语将对方生吞活剥的伎俩，而是有逻辑思维做保证的思路。只要所提出的建议拥有完整且足以让人采信的逻辑结构，就具有说服力。所谓说服力就是充分考虑对方心理状态的逻辑思维能力。组织一个符合逻辑结构的思维方法，就是提建议时的技巧。

经营管理顾问的工作，到了最后就是对客户进行说明，提出解决方案作为自己的建议。如果对方接受而且愿意实行，就算成功；如果不接受就是失败，所以磨炼自己提建议的能力是必要的。

因此，在这一章中，我就以自己为企业进行诊断、指导及建言时所培养出来的技巧为根本，告诉大家什么是让人采纳的根据我个人的经验，在说明中给客户的建议，只要有一个就够了，同时给他们多个建议，只会让他们犹豫不决。

逻辑思维方法，以及该怎么做才能拥有具有逻辑性的思路。其实处理任何事情都少不了逻辑思维，所以就算不需要对客户做提案、简报的人，也要磨炼自己逻辑呈现结构化的能力。

一个建议就够了

根据我个人的经验，在说明中给客户的建议，只要有一个就够了，同时给他们多个建议，只会让他们犹豫不决。一句“总裁，请做这一项”，经营者很容易就动心了。尤其当经营者明白你搜集了大量的资料、做了无数的分析、进行过许多的实地访谈才得到一个不容置疑的结论时，就更容易采纳你的建议了。这个道理应用在任何类型的客户身上都行得通。

“这也重要，那也重要，这个最好也修正一番！”这些话可以出自评论家之口，但绝不是经营管理顾问该说的话。因为如果不能明确告诉客户如何实现你所提的建议，这个建议本身就是没有意义的。

“但是”“然而”这种话，对改善经营而言，有百害而无一利。“但是这么做的话，营业部的人会不同意。”“然而要达到这种业绩，一定困难重重。”这种话也毫无建设性。用这种口吻说话，不但对客户的说明过不了关，在其他任何工作现场，也都只有负面的杀伤力。

麦肯锡公司曾提出一道题目让员工做深层思考。这道题目是：“如果你只有一分钟时间面对总裁，你会做些什么？”不论是用安格斯·卡宁厄姆的英国式逻辑思维方法，或者是我的科学分析方法，都可以导出一个结论：一次给十个建议，不但没有一位总裁可以全部做到，也没有一位总裁能把其中一项做到完美无缺。但是如果只提一个或两个建议，大部分的总裁都能做得不错。

如果是我，我不但会提出建议方案，连细微零碎的计划，如执行企划书、预算报告、负责人选，等等，也会一并提交。当我的建议被实行之后，每个月我一定会前往该公司，跟踪改革的进展状况。如果没有进展，我会再和相关人员讨论，不论是一年、两年，我都会尽责到底。因此，我的客户公司的市场占有率、获利空间都能呈现出明显改观。

有事实为证的建议，魅力无穷

结果是可以预测的，所以我们要事先进行实地的考察、访谈，这一点是非常必要的。如果给客户的药方，只是没什么感觉的营养剂，客户企业的经营状况将无法获得改善。

有的总裁是看过我的著作《企业参谋》后才找上我的。面对这种总裁，我第一个问题就是："您想做什么？"所得到的答案或许是"我想提高市场占有率"，也可能是"我想改善获利空间""我想扭亏为盈"，等等。听了他们的心声后，我会要求他们锁定一个会继续来找我的关键性目标。

但是，如果总裁的回答是什么都想要，我就会当场回绝。因为一个什么都想要的经营者绝不会认真采纳我的提案。就如我在前一章所说的，公司虽然有各式各样的问题，但是大多数都只是现象，问题产生的原因都只有一个。因此，首先解决最重要、最根本的问题，才是解决问题最好的方法。

因此，事前需要再次和对方确认已决定的目标，并且强调："这就是你想实现的真正目标！"这一点，将对最后的建议产生极大的影响。因为有的时候，我们必须逼迫对方做出他最因为一个什么都想要的经营者绝不会认真采纳我的提案。

厌恶的决定。

例如，有位总裁对自己辛苦开发的产品有着非同寻常的迷恋。在做说明的时候，你必须提出的最佳解决方案却是："请停止销售这种产品！"

这个时候，他可能很不高兴地说："无论如何我都要继续销售这种产品！"这时，你就可以先把他当初说过的希望获利的目标搬出来，然后再逐渐逼近，继续说："不管怎么努力，这种产品都不会产生利润的。"虽然利用价值工程[①]可以增加获利，但是这得花上四五年的时间。"这种产品根本无法获取收益，您不是一直想要获利吗？"最后再补上一句："您怎么可以为了喜欢自己所研发的产品，就说出这么天真的话呢？"

如果总裁还是顽固坚持，就是实地访谈发挥效用的时候了。你可以告诉他："您虽然这么说，我听到的情况却不同。"

① value analysis/value engineering，又称为价值分析，美国通用电气公司的工程师麦尔斯在一九四七年开发，成为降低成本的利器。

> 利用实地访谈，整理出比企业领导者所知更详细的业界最新信息及其公司数据，然后再以这些数据为根本，适时加以说明，总裁就会采纳了。

然后开始列举实例。例如，静冈的业务员是这么说的，到鹿儿岛营业所去的时候听到了什么，实际拜访客户时客人是怎么说的，等等，表达了现场人员的心声之后，也可以请领导层做报告。最后告诉总裁：“您的意图并未传达到最底层。我这次访谈了六十个人，没有一个是我认识的。”如此一来，就算总裁仍然强调他经常倾听职员的意见，也不能否认你所说的才是职员真正的心声。

利用实地访谈，整理出比企业领导者所知更详细的业界最新信息及其公司数据，然后再以这些数据为根本，适时加以说明，总裁就会采纳了。因为这些资料完全不同于公司内部所做的意见调查，所以总裁在你的说明中也完全听不到夹杂着他个人喜好的废话。当然，详细的事实也是令他相信的一个因素。事实上，因为你非常了解业绩好的业务员和业绩差的业务员之间的差异，也曾跟随业务员亲自拜访过客户，所以在这个问题上，你了解得当然比他透彻。

经营管理顾问要做最后的提案时，除了总裁之外，营业部的领导者也都会到齐。这个时候，如果你所提出的建议会对某些重要领导造成不便，就会开始听到各种不同的论调了。例如“外面人的想法真是奇特，这好像和我们的认识有相当的差距”“短短一两个月的时间，不可能对我们公司的事有多少了解的”，等等，碰到这种状况，也是实地访谈发挥功效的时候。只要能利用现场人员所反映的事实铲除周边人的阻挠，就能让总裁了解“那些中层领导对事情了解的程度也不过如此”，进而做出最后的决定。

事实上，要逼对方做决定，也不是一件困难的事，就算这个决定不是对方所喜欢的，但是事实摆在眼前，对方也就没有辩驳的余地了。

说明时提出充分必要条件

对客户公司的经营或技术问题进行诊断、指导或进言时，是以业界及客户公司的资料为基础，分析市场劳动力、客户公司以及其他同业竞争对手的动向，归纳整理出一个极为易懂的结论。接着，搜集足以印证结论的证据，在最后的提案上提出提案时，要注意整体的起承转合，不要过之也不要不及，同时还必须满足说明的必要条件及充分条件。

建议。如果有人提出质问或反驳，必须当场补足数据或提出证据。一个顾问要做的工作就是这些。

提案时，要注意整体的起承转合，不要过之也不要不及，同时还必须满足说明的必要条件及充分条件。所谓必要条件就是必须这么做，而充分条件则是这么做会更好，这两者是不同的。为了让客户采纳我们的建议，这两种条件都必须具备。

但是，如果提案是在应用必要条件之下成功的，往往会有感情的主观问题，就是类似“我工作四十年了，从来没有被外面的人这么说过”，等等的情绪反弹。要解决这类主观问题，在提案之后，最好约大家一起喝一杯吐吐苦水。尤其如果所提的建议，会让某个特定的部门主管扮白脸时，不但事前要和这些人进行沟通，事后还得追踪执行状况。

总之，有了答案之后，一定要大家都能毫不犹豫地付诸行动。不过，来自企业外部的顾问是无法参与实行的，因为这是总裁以下的职员该做的事。在这种情形下，最重要的就是要大家有行动的心意。对公司来说，了解后却无心行动，等于是白白浪费金钱。所以说明演示结束后，最大的课题是营造一个有行动的心意的空间。为了看到成果，我们绝不能忽视人的情绪问题。

或许有人会认为追踪和沟通是日本人的想法。事实上，不论是日本人还是美国人，都有心理障碍。人的感情有的时候不是用逻辑可以解释清楚的。因此，一旦有情绪问题发生，一定要追踪后续状况，务必让当事人从第二天起能够高高兴兴开始执行方案。这也是为提升提案的实效性必须注意的事项。

一开始就提出自己的调查结论

实际进行提案时，如何安排整体的流程结构是非常重要的。流程安排不当，很容易让参加的公司高层、各部门主管产生反感，或直接反驳说："我不这么认为。"掌握流程的重点就是，用简洁的语言做简洁的分析，每部分做一个结论，然后应用所累积的多个小结论，导出自己认为绝对正确的整体结论，再以此结论提出有证据做支撑的建议。

有时候可视对方的身份、心理状况做调整，但是一般的提所以，一开始我们可以先报告自己做过的事前工作，以化解对方的质疑，再以此为基础，简要地得出最后的结论。

案，最好是从整体结论谈起。我个人的习惯是先报告我所做的事前工作，也就是直接明示我搜集了什么样的数据、做了什么分析、进行过几次访谈、跑过哪些地方、以什么人为对象谈过哪些话，等等。因为出席会议的人之中，总是会有人先入为主地认为这个家伙真的懂吗？这么做，就可以消除这些人潜意识中的疑虑。

如果不以此为前提，听者总会想："他是凭什么这么说的？"这么一来，整个提案就会在他们不了解结论的情形下进行。对方的心理和我们想传达的信息逐渐背离，到了最后，反对的意见一定此起彼伏。尤其当最后所提出的建议是对方最不想接受的解决方案时，例如中止销售商品、大幅裁减人员，等等时，情况将会更严重。

所以，一开始我们可以先报告自己做过的事前工作，以化解对方的质疑，再以此为基础，简要地得出最后的结论。

虽说是简要，只有一句话当然还是不够的。在报告中，还是必须涵盖四个能够让对方采信的论点。这四个论点就是：围绕业界的环境、顾客的动向、竞争对手的环境以及客户公司对此环境的反应的动向，说明问题出在哪里，为了解决问题，才提出只能这么做的建议。

竞争对手在业界整体的人力资源动向，尤其是获利空间特别明显的竞争对手掌握业界动向及顾客的方法，更是说明时的重点。最后强调客户的公司就是因为在这个方面晚了一步，才造成今天获利不佳、业绩不振的结果，因此得出整体的结论就是：要解决这个问题，必须把人员及投资集中在某个部门，才能拥有现在三倍以上的营业额。

提案的构成

在前面提到整体的结论之后，如何生成提案？可按下面的顺序进行。

- **业界的动向**

一开始提出整体的结论之后，接下来就分析业界的动向，并以此为根基，得出关于业界动向的一个结论。例如，提出

“业界掀起了新的数字浪潮，并急速冲击贵公司”的结论之后，开始一一提供能够让与会人士明白此事实的数据。

● **其他竞争公司的动向**

在其他竞争公司中，最受关注的动向一般都是在业界能掌握最新潮流的公司。明白地告诉大家在业界最擅长利用人才的公司就是这家公司，并说明理由。接着提出事实，例如，率先在市场上投入引领业界潮流的商品，在价格上比较容易被顾客所接受。不需加强营业能力，就能提升双倍的效率，并增加收益。然后根据事实，得出结论：这家公司的成长能力非常突出。

● **客户公司的状况分析**

相对于这家公司，客户公司的状况又如何呢？你需要提出客户哪一部分的延迟是造成问题的原因。例如“生产部门削减成本慢了一步，商品给人价格比较贵的感觉，所以市场占有率滑落了。”“为了提升市场占有率，快速增加业务人员，造成人力成本的增加、营业额滑落、效率低下。公司财务出现赤字的原因就在于此。”

- **改善条件**

在什么条件下，这种状况可以获得改善呢？当你告诉客户要让公司转亏为盈，必须付出努力时，要拿出实际的数据，增强说服力，例如成本要削减15％、价格要调升7％、营业额要长两倍，公司才能平衡赤字，并且强调这条路走起来会很艰辛。

- **解决方案**

接着要提示的是解决方案，也就是告诉大家要怎么做才能解决这个难题，并且提出策略的替代方案。例如：降低商品的生产成本、加强商品销售竞争力、对业务员进行业务培训，或者缩小销售区域、集中销售提升竞争效率，等等。

如果是提升营业额的议题，基本上包含三个方面：一、改变商品；二、降价；三、改善营业方式。你可以针对这三个方面所需的成本、可能取得的成果与客户进行讨论，再择其一进行解决。许多改善方案，都是从最有效、成本最低、最有可能实现的方面入手得出最合适的结论。这也就是要在提案时提到的整体结论。

● **建议**

接下来的步骤，就是根据整体结论提出建议。例如，进行业务员培训，裁减10%的冗员，提升两倍的竞标获胜率，就可以让市场占有率超过30%。贵公司应该迅速照此实行。

● **计划步骤**

最后就是根据建言制订“计划步骤”。什么时候该做什么事、各项目负责人是谁、组织该如何配合、多久报告一次进度、判断这个计划成功与否的条件是什么……这些大大小小的项目，都可以作为“计划步骤”的一环，向大家进行提案。

一般来说，“计划步骤”很少会在提案中当场讨论，通常都是事前和自己的团队或者公司的经营团队协商，取得共识，对组织成员进行调整。也就是说，在说明演示时提出“计划步骤”，只是一个确认仪式。就算企业领导人是第一次听到这个计划步骤，负责人也会说：“我们会根据这个来执行。”

打动人心的要点

不是“自己想说的顺序”，而是“对方能理解的顺序”

不论哪种提案，如果不照着前述的流程进行，均难以成功实施。因为不按照这个流程走，人们会无法接受新事物和新观点，长期待在业界的人这种倾向尤其强烈。为了让对方能够理解，并打动对方的心，我们必须借助这些步骤形成逻辑思维的方法。

> 日本在研讨各种议题的时候，十之八九都无法区别现象和原因，因为参与议题研讨的人根本就不具备正确的思路。

但是，很多提案在我看来不是支离破碎，就是顺序不对。因为做提案的一方，只是照着自己想说的顺序提出建议，而不是根据对方能理解的顺序发言。因此到了最后，非但得不到对方的认同，甚至有可能说到一半就因为对方无法理解而终止了。

没经验的经营管理顾问，最容易犯的错误就是把所发现的问题反过来说，当作是给客户的建议。例如，“业务员没有精神，所以应该让业务员打起精神！”这种建议出自经营管理顾问之口，真是贻笑大方。“商品没有竞争力，所以要增强商品的竞争力！”说来简单，但是到底要怎么做才能增强商品的竞争力呢？这种建议没有提到解决办法。

最令人惊讶的是在集合了日本经济策略专家所召开的经济策略会议上，专家们所提的建议竟然也是这种水平：把问题列出来，然后自问自答，就以为揭晓答案了。

其实他们所罗列的问题只不过是现象，而逆转现象并不是解决方案。只看到现象，绝对无法找出问题的真正原因以及能够对症下药的解决方法。日本在研讨各种议题的时候，十之八九都无法区别现象和原因，因为参与议题研讨的人根本就不具备正确的思路。

不可仅凭现象做判断

会发生某种现象，一定有其原因。但是懒得找原因，只以现象做判断，提出解决方法，这种解决方案绝不会是正确的。

例如，“最近业务员都无精打采”“他们都听前辈业务员的话”这类的话，我们一定不陌生。但是有的时候情况正好相反，例如年轻的业务员都很努力，可是前辈们几乎都不做事，所以真正的原因到底在哪里呢？

我以一个例子来说明。有一家汽车销售公司，营业部门负责人以黑市价格出售旧车，以中饱私囊。通常公司都会以折旧价买下客人之前开过的旧车，这个时候营业部负责人要负责核定二手车的折旧价。但是这位负责人所核定的价格都比实际价格低，如果实际的折旧价应该是五十万日元的话，这位负责人给客人的折旧价码可能只有三十万日元。成交之后，他再但是懒得找原因，只以现象做判断，提出解决方法，这种解决方案绝不会是正确的。

以五十万日元的黑市价卖给旧车商，于是二十万日元的差额就进入他个人的腰包了。如果这个负责人有义务向公司报告折旧价，势必得在账簿上有所体现，否则无法交代这二十万日元的差额。

新车销售惨兮兮，旧车业绩呱呱叫，个人却荷包满满。所以，营业部门负责人不是无精打采，而是神采奕奕，没有必要工作了。或者说，他无精打采真正的原因，是私下大搞中饱私囊的事情，无暇为公司业务而努力。在这种情况下，就算公司绞尽脑汁激励业务员的士气也是徒劳无功的。要找出真正的原因，就必须进行实地考察。

早上十点钟左右走进公司的计算机室，你就会发现几乎所有的位子都被穿着西装、像是业务员的人占了，有些人更煞有介事地在写访问顾客的报告，但是只要拾起他们丢在地上的纸看看，就知道他们在瞎掰。

我借由实地访谈到营业部门去的时候，会顺便了解业务员们的生活状况。我最常用的方法就是请业务员打开行李箱，如果行李箱放的都是高尔夫球袋、网球拍等运动器材，这个人却不断向我哭穷，大叹经济不景气、业绩不好、没有加薪，我就知道这个人说的话不可靠。尤其当高尔夫球袋上还沾着未干的泥巴时，我会更进一步怀疑这个人用于高档娱乐的钱是从哪儿来的。我不是国税局的调查人员，但是会锲而不舍地分析这个业务员这样做的原因，所以我最后得出的结论都非常准确。

要谈论这种事，我真是三天三夜也说不完。在我担任经营管理顾问的第一个十年里，我不但跑遍日本，还深入全美各州，所以实地访谈的经验相当丰富。我到过美国五十个州中的四十九个州，听许许多多的人谈论交易、顾客，进而磨炼自己，研究出进军美国市场的战略。我会锲而不舍地找出问题真正的原因，并提出解决问题的思路，顾问能力就是这么锻炼出来的。

将演示文稿熟记于心

在做提案的时候，如果只是一味重视表面功夫，一定会露出马脚。随着数字时代的来临，提案时用的道具当然也跟着进为了让语言能够完完整整地为我们传达信息，我们必须锻炼扎实的逻辑表达能力。

步，尤其是使用影像及音效，对演示者来说非常方便。但是只在道具上用心，就忽略了最重要的逻辑结构，本末倒置。现在，多数人轻轻松松用软件做出漂亮的数据，只求视觉上的流畅，却不重视逻辑，好像这已成为趋势。

最近，不论是做说明演示还是演讲，我都不用辅助软件了。我会准备，但不急着使用。因为使用辅助软件，听众都会把注意力转移到影像上。

其实要了解一件事情，听人说话还是比看影像来得有效。所以我和企业领导人单独开会时，只用言语来沟通，反而更容易让对方理解。

当然在这种情形下，由于手边没有任何文件数据，所以比一般说明演示的难度高。因为只能通过语言让对方百分之百地了解说明演示的内容，所以有时候还必须视情况临时穿插说明演示文稿中没有的对白。如果拿捏不当，脱口说“仔细想一想，好像只能这么做”，顿时就会让说明陷入没有信心的气氛中。因此，数字时代的来临，反而使得说话训练更加重要。为了让语言能够完完整整地为我们传达信息，我们必须锻炼扎实的逻辑表达能力。

把可以畅谈十个小时的内容，归纳整理在四十五分钟之内。成功的秘诀不在于展示辅助软件，而是拿出准备充分的事前调查数据，提出信心十足的绝对错不了的结论。为了提出这个结论，我们可能要用五十个小时从头细说。但是在做提案的时候，我们最好能将所有的内容归纳整理在四十五分钟之内说完。

一般的说明演示，至少必须准备可以畅谈五至十个小时的内容。但是如果不加以归纳整理，只是一心想把所知道的事情全部说出来，要表达的主旨反而会被一些旁枝末节搞得支离破碎。

所以当写好说明演示的稿子后，最好先做做下面的练习。

练习题

不要看事先准备好的稿子，请在五分钟之内，把提案的内容说出来。

我在麦肯锡的时候一定会让写说明演示稿的人员进行排

一个优秀的提案者，一定能够一边想下一页的内容，一边做这一页的说明。

练，这个时候为了训练他们，我会做两件事。

第一件事就是对写稿子的人说：“不要看稿子，试着利用五分钟的时间，把内容全部说一遍。”如果做不到这一点，无法掌握说明演示的流程，就不可能完成提案。也就是说，如果不能将脚本融会贯通记在脑子里，并将重点无一遗漏地全部说出来，提案将无法顺利展开。

另外一件事，就是在中途抽掉一页稿子。例如，说到第七页时，故意把第八页稿子藏起来，让排练的人继续说下去。由于事出突然，大部分人都会吞吞吐吐、前后矛盾。无法一边回忆下一页、一边继续做说明的人，就无法顺利完成提案。因为提案者在这种状况下，如果只能做到记忆第七页，而不知道接下来自己想说什么，所说的话将缺乏气势，也就无法将该传达的信息传达给对方。

一个优秀的提案者，一定能够一边想下一页的内容，一边做这一页的说明。这种情形就如同交响乐的指挥一般，如果一个指挥不能一边想接下来的乐曲结构，一边挥动指挥棒，就无法呈现悠扬的乐音。所以在指挥者的脑子里，指挥棒挥出的速度，一定会比现在正在演奏的音符快几分之一秒或几个音符。因此，一个优秀的指挥者，即使乐谱掉了，仍然可以若无其事地继续指挥。因为他们只是出于谨慎才看乐谱，并非真的在读乐谱。

支撑一个结论的“金字塔结构法”

不论是要在五分钟之内说完稿子的内容，还是抽掉稿子能够继续解说，其先决条件都是要能够以扎实的逻辑构成法组织提案。金字塔结构（Pyramid Structure）就是最基本的逻辑构成法，是导出解决方案的逻辑思维的关键枢纽。

金字塔结构源自 MECE（Mutually Exclusive，Collectively Exhaustive）的概念，直译的话就是“彼此独立，互无遗漏”。也就是对于一个重大的议题，能够做到不重叠、不遗漏地分类，而且能够借此有效把握问题的核心，并解决问题。

不论多么庞大的资料、多么复杂的议题，我们都可以应用 MECE 的思维方式将其分类整理，然后从某些资料中找出证据

> 也就是对于一个重大的议题，能够做到不重叠、不遗漏地分类，而且能够借此有效把握问题的核心，并解决问题。

导出结论，再把这个结论当作寻找下一个证据的数据……这种层层累积的方法，就是金字塔结构。而位于金字塔顶端的那唯一的一块石头，就是我们要得出的唯一结论。换句话说，在金字塔结构中，结论只有一个，而其他数据都只是支撑这个结论的证据。

这种构成法有两种情形，一种是由下往上堆积的正金字塔；一种是将最重要的结论放在最下面，各种证据放在顶部的倒金字塔。不论是哪一种，我们都将这种逻辑体系归纳为金字塔结构，金字塔形的构成方法可以确保我们整体理论的一致性。

金字塔结构的个案练习

下页的图表，是酒店业者利用金字塔结构法导出提升营业额方法的例子。首先，我们要搜集和酒店业以及业界劳动力相关的资料，再将类似的数据集中在一起进行分类。接着将每一个项目填入长方形的格子中，再分别找出它们之间的因果关系、顺序关系，并以此为基础，构成金字塔。

金字塔构成法的个案练习

酒店业者该怎么做，才能提升营业额？

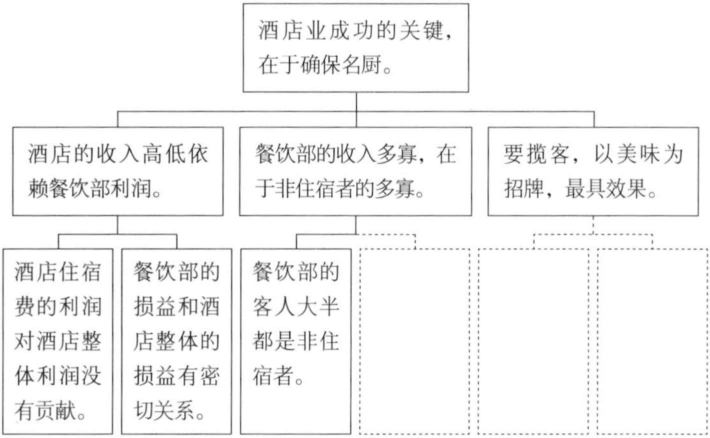

例如，从已经分类的两格数据“酒店住宿费的利润对酒店整体利润没有贡献”“餐饮部的损益和酒店整体的损益有密切关系”，导出“酒店的收入高低依赖餐饮部利润”的结论；再从其他的分类中，导出“餐饮部的收入多寡，在于非住宿者的多寡”以及“要揽客，以美味为招牌，最具效果”的结论。最终可以从这三个表格的结论，导出“酒店业成功的关键，在于确保名厨”。

这个例子是从我二十几年前为顾客所做的说明演示手册中抽出来的。现在，大家都知道每家酒店一楼的餐饮部和百货公司底层的食品卖场是聚集人气的地方。但是当时，在酒店里开设餐厅对酒店来说是营业额攸关的事实，而这个结论正是经由金字塔结构法导出来的。

就以这个例子来看，每个格子里所填的并不是营业额、成长性等单一项目，而是分别独立的结论或主张。金字塔结构就是这样构成的。实际运作时，按照下列五个步骤进行会更有效率。

① 查看资料及背景，将导出的结论、主张列成一张表。

② 把表上的结论、主张根据主题的类似性分类。

③ 将同一类型的结论、主张按顺序区分。

这个时候，把有因果关系的主张或结论分别放好，原因放在下面，结果放在上面。属于同一过程中的项目，再依步骤的快慢排列。如果这些项目属并列关系，则根据时间（过去、现在、未来）、数字大小（营业额的大小等）、地域（从北海道到冲绳）、重要性（从最重要的一点开始），等等排序，采用横式并列。

④ 讨论同一级别中的共通结论、主张，将从中导出的结

论、主张放在上一段的位置。

⑤ 反复重复以上作业，直到所有主张都出现了金字塔结构。

寻找证据，再次检验逻辑结构

应用金字塔结构法，最后一定能够导出有信心认为是绝对正确的结论。但是如果信心不够，就表示要么是逻辑结构出了问题，要么是印证假设的数据或证据不够齐全。

在企划团队里，我经常会问："你想说什么？""如果以一句话来说明，你会怎么说？"如果被我问到的人真的以一句话说明白了，我会接着问："你有什么证据？"如果对方回答要列举证据，不是三言两语说得清的，我还是会继续问："每一项都有证据吗？"我这么做，可以让堆积在结论之下二三层中的证据浮出水面，借以检验此金字塔结构是否具有一贯的整体性。

当对方所说的结论，事实上只是假设，而提不出证据时，我就会问："你知道怎么做才能验证这个假设吗？"为了证明这个假设真是正确的，对方必须拿出证据。有些人在我的穷追猛打之下，只得乖乖承认没有足以证明假设的证据，因为他没有进行实地调查。

> 有些人在我的穷追猛打之下，只得乖乖承认没有足以证明假设的证据，因为他没有进行实地调查。

如果议题是企业经营，证据最好是数据。看到真实的收益、成本数据时，才恍然大悟企业内部有些人的坚持其实是错误的，这类案子屡见不鲜。没有证据的假设，就像基石有空隙的金字塔，因此，必须重新搜集能够证明假设的证据，来填满这些空隙。

亲自去听现场的声音，让结论站住脚

要证明假设，需要搜集什么资料？为了取得资料，又该做什么样的实验？这些内容我在前一章都已经谈过了。接下来我要说的是计划实施的手段。在现场我们常可以听到有人说“这种电话，我已经接了五百次了”“那我和业务员一起直接去找客户问个清楚吧”，虽然这种话听起来好像已经是结论，但是你还是得把它们当成是假设，并且在表示已经了解状况的情形下，立即进行验证。

真正的建议能力，也就是能够让别人采信的能力，是要靠信息搜集及反复的分析、假设、验证磨炼出来的。

这个时候，你就不能使用公司内部的垂直系统。用这套旧有的系统，你将听不到一线业务员真正的声音。因为业务员知道上级在期待什么，所以回答一定是配合上级期待的标准答案。如此一来，会让上级误以为情况就是如此，并以此为证据，导出错误的结论。

要让现场的声音能够正确地反映出来，经营管理顾问必须具备相当的柔软度及灵活性。我去实地考察的时候，通常有七成到八成的问题都已在我脑中成形，但是当我发现某人说了件很有趣的事，或者下意识地认为这个人说的事或许很重要时，我会沿着这些新的线索，提出别的问题。这么做或许会多花些时间，却可以接近更确切的数据。

企业经营常常会面临左右为难的局面，这个时候，只要反复使用前面提过的方法，就一定可以解决经营上的任何问题。

建言不具备说服力的原因，大都是因为解决问题的程序不够完备；提出建言的一方还没有百分之百认定自己所提的建议是绝对正确的。真正的建议能力，也就是能够让别人采信的能力，是要靠信息搜集及反复的分析、假设、验证磨炼出来的。通过一个完备的程序，提出建言的人才能充满自信地提出在逻辑上绝对站得住脚的正确结论。

让说话合乎逻辑的训练法

实际着手安排提案时，只要应用我在“提案的构成”中所提到的顺序组合就行了。当然到了最后，我们还是得开口说明，才能让对方了解并实行你所提的建议。因此，平时就要进行说话训练，才能在提案时说得头头是道、合乎逻辑。

为此，我希望大家做下面的练习。

练习题

倒半杯水放在桌子上，然后以杯子为题，进行二十分钟的谈话。

解说

美国的高中常常会举行公开演讲。“半杯水”就是很典型的题目之一，这是训练在大众面前演讲的第一课。当然要怎么说是个人的自由，所以并没有所谓正确的答案。这种演讲考量的只是内容合不合逻辑、是否有说服力。

例如，“大家好，这里有一只杯子。悲观主义者会说杯子里只有半杯水，我却认为已经有了半杯水。认为杯子里只有半杯水的人，即使所得的薪资是一般的水平，仍会觉得太少而心生不满，或者认为存款只有这么一点点而整日惶惶不安。这种人的人生不会快乐。但是我不会这样，我会思考如何有效利用杯子里已有的半杯水……”演讲者就这样持续说二十分钟。

这道题目在美国非常受欢迎，所以在一般的会话中常会听到“只有半杯水”“还有半杯水”的对话，只有半杯水就是告诉你，你太悲观了。

日本电视公司的节目《笑点》中有一个“大喜利”的单元，主持人在这个单元里经常妙问妙答。美国的公开演讲也是不断给予题目，让人开口说话，题目更是百无禁忌。因为办这种活动的目的，是要训练人的逻辑思维能力，并提高人的说话能力。

这种训练永远都不嫌多，只要开始训练，潜能必然能被激发出来。在日本，我们很少有机会接受这种训练，这就是欠缺逻辑构成力及逻辑结构思考路径的原因。因为平日没有人告诉我们该如何把自己的想法传达给别人，也没有人训练我们用什么样的方式说话才能获得别人的认同。所以，我希望大家在日常生活中可以进行各种主题的自我训练。

我也曾经在人前羞于开口

我以前是个害羞、畏惧在大众面前开口说话的人。甚至我母亲都经常叹气说：“你的人际关系真是糟透了！”所以做个原子炉的设计师，我还可以胜任，但是在麦肯锡可就不行了。经营管理顾问是一种以人为对象的工作，不懂得人际关系，就无法胜任，因为经营管理顾问必须在很多人的面前做说明演示。

另外，做实地访谈时，也必须和现场的工作人员交谈，才能问出和工作、公司相关的事情；而平日搜集信息，还必须和各种行业的人打交道、攀交情。

所以进入麦肯锡公司之后，我就开始练习实地访谈。我打开录音机，想象客户公司的总裁就在我的面前，然后开始分析问题，并说出解决之策，也就是把并不存在的说明演示，当成是正式的演出。除了本国的客户之外，我也会接触到外国的顾客，所以我也会以英文进行同样的训练。

演示结束之后，听听录音，如果觉得说服力不够，就修改内容重来，直到自己完全能够说服自己为止。

几乎所有的业务员都不想接受和工作有直接关系的训练，但是事实上，接受过这种训练的人和没有接受过这种训练的人之间的差距是很大的。

试着向掌权者建议

搞清什么才是“该解决的问题”

我已经把说明演示的技巧、说服他人的逻辑结构、建议的技巧都介绍给大家了。现在，假设你有机会以顾问的身份向小泉纯一郎首相①建言，你会怎么组织逻辑结构？又会给首相什么样的建议呢？

---

① 作者在写作本书的时候，小泉纯一郎为日本首相，现已卸任。

我们就以此为练习题吧！

练习题

现在，你有五分钟的时间，可以和小泉首相单独相处，你有机会对首相所提出的邮政三事业①民营化的方法提建议。请站在国民、纳税者的立场，提出你的建议。

解说

小泉先生的思维模式是和MECE正好呈两极化的政局思维。问题是，那些经济财政咨询委员会中的成员只会等着首相下命令，才敢开始执行。而我们的媒体也只会无的放矢，对整理论点毫无贡献，道路公营②公司问题浮出水面时也是如此。

解决问题的第一步是定义该问题。但是道路公营公司的议题，并没有考虑是该公司的什么地方出了什么问题，就以日本经济团体联合会（简称经团联）当时的会长（今井敬先生）为主席，开始进行研讨。而民营化也只不过是具有可能性的解决方案之一，道路公营公司的议题却从一开始就进入非民营化不可的讨论，然后即成立公司改组单位，朝民营化方向努力。

但是这么做又能解决什么呢？总之，他们认为必须解体的道路公营公司组织，只要摇身一变成了公司，照着民营化的路子走下去，就可以永续经营。

① 日本邮政事业主要由邮递业务、邮政储蓄和简易保险三部分组成，简称“邮政三事业”。

② Public Corporation，有特殊公共目的，由政府和地方团体合资成立的特殊法人，即公营公司。

“民营化”就能解决问题吗?

我以前就是道路公营公司解体论者。原本道路公营公司是日本在贫穷的时代为建设高速道路，以时限立法所成立的组织，所以当立法的时限到期后，就必须重新讨论这个组织是否需要继续存在。但是，除了公营公司的六万亿日元预算外，政府还将燃料税、重量税，等等合计十三万亿日元的税金，全数投入国道及一般道路的建设中。这两笔金额加起来将近二十万亿日元，就算日本现在处于富裕的时代，公营公司的存在本身还是违法的。因为道路公营公司早就超过时限立法的期限了。

因此，面对这个议题，我们首先必须要提出各种问题。例如，建设道路的经费由谁负担？我们建设了什么样的道路？应该继续维持现状吗？之后，为了找出解决方案，我们还要讨论道路公营公司所欠的近四十万亿日元的巨款应该由谁、在什么时候偿还，所有的讨论都可以由这两点得出结论。

假设负责的机构是一家追求利益、无论如何都要上市的民营公司，那么这笔欠款就要强迫全民埋单。而那些畏惧选举的政客，所能想出的支付方式只有预支未来。所以讨论民营化的结果，就是五十年后再还钱。

之所以会出现这么愚蠢的结论，究其原因，是小泉先生在咨询的时候，连答案（应该民营化）都说出来了。如果小泉先生面对受召的委员们，老老实实直接问："因为政府机构运营不当，才会连续出现赤字。对于债台高筑的道路公营公司问题，大家认为应该怎么解决？"如此一来，大家在讨论之后，应该就会有人提议："把高速道路视为'国道零号线'，由国家负责，以税金来解决这个问题。"也就是不再对高速道路进行收费。另外，对于过去的借款，则应该讨论汽车号牌课税法①等方案。因为今后的日本将成为少子老龄化社会，所以绝对不能让子孙还债。本着使用者付费的原则，当代人应该在十年内偿还这笔钱。

就算民营化，也得有正确的目标

关于邮政三事业，只不过是老调重弹，再把三十年前的小

① Number Plate，License Plate，具体来说，就是自用车课税一万日元，出租车、巴士课税十万日元，卡车课税三十万日元，高速道路免费。

小泉先生当初认识的邮政储蓄事业（当时小泉先生是银行从业人员），是以国营事业的姿态压迫民间银行。

泉破太鼓（日本有一部很有名的电影《骏河游侠传——破太鼓》）戏码搬上台面。改革邮政三事业的目的，不应该是民营化，而是找出三事业的问题，并且研究解决的方法。此外，经济财政咨询委员会也应该提醒首相提出正确的问题。

“如何达成民营化”是个错误目标，但是包括媒体在内，都在大炒“反对者下台”“反小泉阵营是谁谁谁”等新闻，使邮政三事业的改革无法回到最初的讨论上。

小泉先生开始谈论改革邮政三事业是在三十年前，但是现今的时代和三十年前已经大不相同。小泉先生当初认识的邮政储蓄事业（当时小泉先生是银行从业人员），是以国营事业的姿态压迫民间银行。但是现在邮政储蓄事业已经在浪费国家的货币，连邮件业务也只剩下塞垃圾箱的直邮目录及贺年卡。因为邮局已经把传递信息的主角地位拱手让给了传真、电话、电子邮件。

我个人的看法是，在讨论这个议题之前，应该先掌握邮政三事业的实际状况。只要先行了解实际状况，就会知道这些事业并不是每一项都能适应民营化，而且由于邮政三事业的组织非常庞大，因此，这项改革极有可能影响日本的经济。认为只要民营化，邮政事业就能成长、就能赚钱的天真蓝图，也可能会有全盘崩塌的一天。

所以在进行审议的时候，第一个步骤不应该是提出结论，而是依照掌握的实际状况、整理重大问题、摸索解决方向的顺序，组织思考路径。此外，为了避免议题泛政治化，我提出的做法是，一开始就确定原则，确定议题的结构。不论是公司还是公共事业团体，都可以采用这种做法。

从咨询委员会的审议数据来看，支持邮政事业民营化的人，好像对于原则论的看法都是一致的（表 2-1）。

本来政府有意为民营化后的邮政储蓄事业及简易保险事业提供保证，但是这样做对于没有政府做保证的银行及保险公司，显然是不公平的，这一点在众人诟病之下，没有通过。另外，以同样价钱为全国提供同质服务的一般服务（Universal Service，例如不分远近，平信一律五日元）的业务功能，也会因为邮政事业的民营化，而不得再要求其提供这种服务。所以，如果要邮政事业继续提供这种服务，就必须由政府以税金

表 2-1　邮政事业民营化审议原则

1. 站在独立的立场，不压迫民营事业。 ・依循公平竞争的原则
2. 政府不做任何保证。 ・风险自担
3. 不要求市民最低生活标准。 ・竞争条件平等 ・由政府或业界负担一切
4. 民营化后的股份公司必须上市。 ・减少政府持股，追求股东利益
5. 三事业独立运营。 ・盈亏分离，风险分离

© BBT Research Institute

或者由同业的企业支付定额的款项，让邮政事业继续维持业界代表的形象。

根据《万国邮政公约》，不论是在冲永良部岛（鹿儿岛县的一个离岛，有名的观光娱乐休闲岛），还是在北海道的留萌，都必须以同样的费用送达。所以在人口稀少、缺乏代替企业的地方，邮寄事业势必继续维持这项功能。这么一来，邮寄事业就算拼命削减成本，还是可能造成亏损，这部分就必须由政府以税金承担，或者通过其他方式来填补。

另一方面，不管是邮政储蓄事业还是简易保险，它们所提首相的一句“民营化”就让没有必要性的事业继续存活，这显然是一种逻辑矛盾。

供的一般服务及公共服务的必要性其实都不高，因为在都市里，已经有许多类似的商品。尤其是最基本的年金、健康保险等商品，是受宪法保障的，大家已经认定提供这类商品是国家的责任和义务。

原本由国家来经营邮政储蓄事业或者是简易保险的必要性也不高。因为这只是日本在贫穷的时代鼓励国民储蓄以吸收存款，供给产业资金的手段。国家却食髓知味，过了有效尝鲜期仍然继续这种方式。也就是说，这是政府进行集资，为维持表面繁荣而在地方上所使用的行政手段。所以，与其说邮政储蓄事业、简易保险事业是维持国家机能的机制，不如说它们是误了国家百年大计的吸金手段。

因此，如果问大家一般服务及公共服务是否有发展的必要性，大家的回答一定是如表 2-2 所示，连财政咨询委员会也得出了同样的结论。但是，首相的一句“民营化”就让没有必要性的事业继续存活，这显然是一种逻辑矛盾。

表 2-2　邮政三事业的论点

	一般服务的必要性	公共服务的必要性	假设民营化后的竞争力
邮递业务事业	· 端对端（End to End）的服务不可缺 · 不适应民营化	· 人口少的地区缺少代替企业	· 投递的数量会减少 · 成本变高
邮政储蓄事业	· 基本不需要 · 无论如何一定要做时，应由业界补助	· 都市不需要 · 在人口少的地方，如农会、渔会具有类似的功能	· 无获得存款的能力 · 无运营能力 · 无结账服务
简易保险事业	· 不需要	· 都市不需要 · 在人口少的地方，如农会、渔会具有类似的功能	· 无保险商品能力（因为保险金额很小） · 无顾客（地方顾客会以高龄者为中心）

© BBT Research Institute

邮政储蓄既没有运营能力也没有集资能力

其中最严重的问题在于邮政储蓄事业。执政者不知何故，好像从很早以前就把邮政储蓄事业当作国营银行，所以认为民营化后一定可以更有效率。

但是真的可以把邮政储蓄当作国营银行吗？银行必须具备三项功能：集资、利用所筹集到的资金、提供顾客结算服务。

问题的核心在于邮政储蓄是不是有能力开发好的商品。

邮政储蓄因为拥有定期存款等长期产品类型及两亿三千万亿日元的客户存款，所以被认为拥有竞争力。但是，这应该只是幻想吧！人们之所以会有这个幻想，是因为当其他的银行或许会倒闭的时候，人们认为由国家经营的银行，应该不至于倒闭，所以才将钱存进邮局，而且邮局现在的利息真的没有一点吸引力。

更何况经济财政咨询委员会已经决定，邮政储蓄事业民营化之后，政府不再提供任何保证，所以，如果邮政储蓄要募集新的资金，就其旧有的产品而言，吸引力真是太小了。说得更严重些，原本的客户存款还可能会大量流失。问题的核心在于邮政储蓄是不是有能力开发好的商品。

另外，资金运用的问题也很严重，没有一个金融机构有能力运用邮政储蓄的两亿三千万亿日元存款。事实上，经济财政咨询委员会也认为邮政储蓄如果要募集新的存款，最多也只能募集到五十万亿日元，所以采纳大家的意见，要好好想想如何运用这些钱。

虽然五十万亿日元并不算多，只相当于一个日本城市银行的规模，但是邮政储蓄真的有能力运用这些钱吗？之前他们一贯的做法是把钱放入财务省理财局购买国债，并没有运营资金的负责单位。如果邮政储蓄要以自己的能力运用这五十万亿日元，必须有法人营业部、审查部，合计约一万名专业人员。城市银行就因为这项机能太弱，才让不良债权堆积如山。所以如果邮政储蓄事业要民营化的话，必须拥有比城市银行更强的运营能力。

更糟糕的是，就算邮政储蓄想运用这笔资金，现在的日本也没有这种需求。从现在的日本经济资金需求来看，邮政储蓄能够贷给优良企业的总金额最多也只有十万亿日元。而且邮政储蓄还必须降低利息，和一般的城市银行抢顾客，才能达到这个业绩。

但是如果邮政储蓄真的这么做，就违背了表 2-1 的第一个原则。因为邮政储蓄事业单位以低利贷款给优良的企业，形同压迫民营银行。另外，要贷款给中小企业或新企业的审查过程非常麻烦，邮政总局的人都退避三舍，结果资金运用途径就只有购买国债了。这当然也是财政部所期待的结论，因此，如果

> 因此，在没有有效的资金运作手段、付不出有吸引力的利息的情况下，邮政储蓄当然无法筹集到资金了。

购买国债是邮政储蓄最主要的资金运作手段，一般储户所获得的利息收益当然比国债还差，因为不论是邮政总局还是邮政储蓄银行，它们本身的经费都是从利率差额中扣除的。

以安全性为考虑、执着于有国家保证才一直忍耐的存款客户，如果看到表 2-1 的第二个原则，他们就会知道去证券公司直接购买国债会更为合算。没有一位客户会去购买还得负担邮局人员薪资的国债，因此，在没有有效的资金运作手段、付不出有吸引力的利息的情况下，邮政储蓄当然无法筹集到资金了。

不相容的邮政储蓄和民营化

结算是银行的另一项基本功能，单就这一项功能和民营银行比较的话，邮政储蓄更是明显不如人。每个月月底协助客户缴水电费，应该不算什么大工程，但是邮政储蓄的活期存款并不提供这项服务。方便企业到了月底缴纳各种公共费用，这应世上是找不到明知道邮政储蓄是自己将来的敌人，却仍愿意为它服务的民营银行的。

该是邮政储蓄必备的功能。邮政储蓄所能处理的就只有划拨、汇钱到国内外等少数几项业务，外币业务则只能委托民营银行来做。

邮政储蓄也认为自己应该具备这些功能，但是要提供这些服务，必须花一段时间和相当数量的金钱，所以这段时间，理所当然就必须委托民营银行处理了。但是，世上是找不到明知道邮政储蓄是自己将来的敌人，却仍愿意为它服务的民营银行的。

于是在邮政储蓄或许能够蜕变成银行的幻想下，有人开始讨论邮政三事业的民营化。事实上这件事的出发点根本就是错误的。只要动用一下思考路径，想想之前的过程，从基本问题一个一个去寻找答案，就可以明白这个道理，并提出终极结论，那就是邮政储蓄事业不能民营化、邮政储蓄事业没有理由民营化。

有人竟然懦弱地说："为了买国债，邮政储蓄必须继续下去！"但是在没有国家做担保的情形下，存款客户一定会拒绝负担邮政储蓄成本。所以邮政储蓄和民营化根本是不兼容的，政府、经济财政咨询委员会等各相关部门必须尽快注意到这一点。

只要重复这些简单的讨论，就会明白执政者的改革案主角——邮政三事业民营化，根本就是不善于思考的人所玩的把戏。

表 2-3　邮政储蓄事业民营化的本质论点

银行功能	邮政储蓄事业民营化所产生的问题
运作资金的功能	· 没有能够吸收两亿三千万亿日元的需求。 · 没有运作两亿三千万亿日元的手段及人才。 · 没有能力审查对中小企业及创业者的贷款（造成不良债权）。 · 如贷款给民营事业，等于压迫民营银行，违反邮政储蓄事业民营化的宗旨。 · 结果，除了可通过发行国债进行融资之外，没有其他可运作的途径。
吸收存款的功能	· 民营化后，无政府做保障，而且可推出的金融产品只有国债，客户没有理由把钱再存放在邮局，存款金额可能因而大减。 · 业务窗口可委外进行（民营银行、便利店、农会）。
结算功能	· 明显比民营银行低劣，连贷款到国外的功能都没有。 · 如果要拥有和民营银行并驾齐驱的结算功能，成本相当高。 · 只能委托民营银行。

▼

· 不具有银行的运作资金的功能，业务窗口及结算功能有可能委外进行。
· 实际上只是一个购买国债的集资机构（和现在的情形一样）。

▼

不民营化的理由

至于简易保险和邮递业务，以同样的思考路径，也可以整理出如表 2-4 的简易表。总而言之，简易保险就是应用邮政储蓄和邮递业务的功能所延伸出来的残缺商品，所以不管是把简易保险当作保险产品还是储蓄型产品，它都完全不具备竞争力，也不符合客户的需求。而且简易保险和邮政储蓄一样，运作资金的管道极为狭隘。不，应该说从以前到现在，简易保险根本没有运作资金的功能，所以最后的结果，仍然只能把募集到的资金拿去买国债，因为一切的讨论，以邮政储蓄为基准。

表 2-4　简易保险和邮递事业民营化的本质论点

	简易保险事业	邮递事业
民营化所产生的问题	● 会产生之前所没有的成本。 · 有纳税业务（法人税等其他税）。 · 邮政三事业共同负担的人事费用越来越突显。 ● 产品缺乏竞争力。 · 保险金额有上限（一千万日元）。 · 没有设计保险产品的能力。 ● 没有运作能力。 · 可提供的产品只有国债、公司债、自治体融资等。	● 实际上所投递的邮件，以贺年卡、问候卡、直邮目录、通知函等占大多数。邮递功能有可能被传真、电子邮件所取代。 ● 因为除了快递之外，邮递事业有衰退趋势。 ● 让一个黄昏事业民营化，无法保证业绩可以达到上市的标准，国家仍继续持股。
▼	· 可保留保险产品，但是简易保险的事业体制可以不要。 · 保险商品可委托外面的企业销售。	· 书信电子化后，邮递业务体制即无存续之理。 · 只承包一般服务。

© BBT Research Institute

现在邮件数量锐减，这是大家都知道的事实。根据国际规则，邮递业务必须具有提供一般服务的功能，但是很明显，使用者并不希望负担这项成本。现在邮递业务配送上门的服务已经不及民营企业，连本来独占市场的邮寄书信业务，也由于规制的松绑，有半数的市场已被民营企业占据。

因此，邮递业务存在的理由到底是什么呢？唯一的理由就是廉价的直邮服务，在行政指导下必须用邮寄方式发送的月底扣缴水电费的通知单等。如果将这一部分业务自由化，月底扣缴水电费的通知单即可通过移动电话、互联网通知使用者。届时，邮寄业务的功能就只剩下送送贺年卡了。所以就算把这么衰退的产业民营化了，恐怕它也没能力上市吧。

这一点即抵触了表 2-1 的第四项原则“民营化后的股份公司必须上市”。所以显而易见，这个提供一般服务的事业机构，本来就不该成为民营化讨论的对象。

那么，政府究竟应该怎么做呢？十五年前，我在《平成维新》一书中所提的建议是：“政府应该组建一个日本配送公营公司作为综合集配（收集和发送）的组织。”十五年前，邮政事业就已经是衰退产业，无法立足于市场，当时的竞争对手是传真，现在则被电子邮件所取代。两相对比，传真的杀伤力还不及现今的电子邮件，所以现在要邮政事业转型为民营企业更是不可能的。

邮局的新未来

如果以使用者的角度来看这个问题，又有完全不同的解决方案。也就是说，这是我站在邮件接收者的立场所想出来的法子。

为了解决问题必须到现场走一趟的构想，我在前一章已经详述过了。为了解决邮寄业务问题，我也使用相同的思考路径。从图 2-1 来看，大家就会明白每天来拜访你信箱的人竟然有这么多。报纸一天两次，再加上邮件、广告宣传单，等等，仔细数一数，至少就有五六个不同的人负责投递。这些都是重复的业务，从整个日本来看，就是巨大的资源浪费。

出于不希望国家浪费资源的考虑，我有了“在最后一公里设置发送中转站”的构想。把报纸、直邮目录、广告宣传单，等等全都集合之后，再一起从发送中转站送出，就可以避免因重复的业务而浪费资源。例如邮寄物、早报、晚报可以和其他报纸一起发送，还有可能比现在早半天送达。

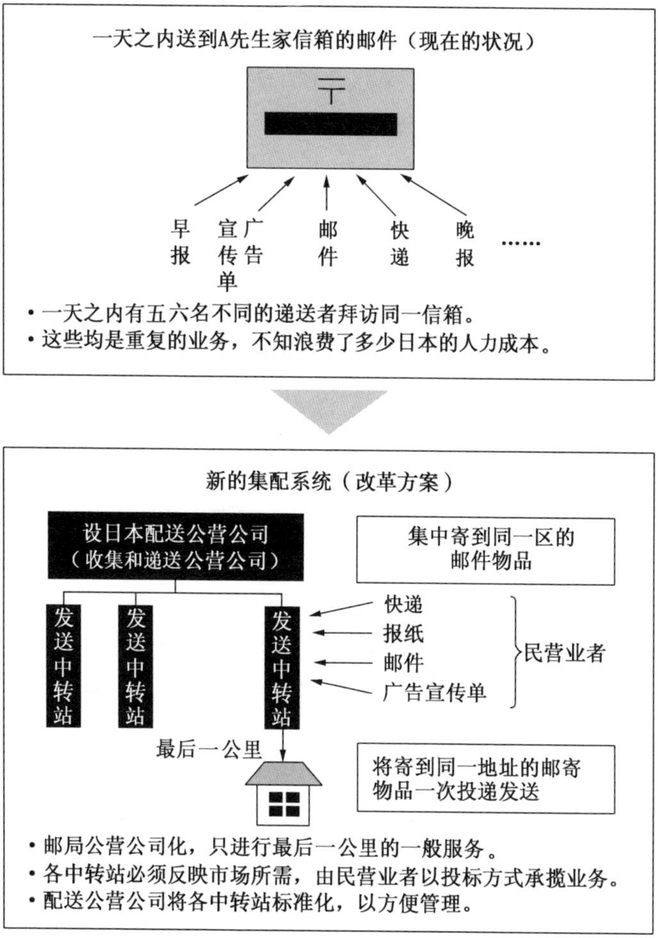

图 2-1　日本集配（收集和递送）系统的改革方案

如果把公营公司的工作限定在制定全国服务的标准、监管受委托者的业务，而把大部分的工作移交给民营业者，就没有什么好奇怪的了。

报社、直邮业者、广告宣传单业者、邮局，都只要把邮寄物送到发送中转站就可以了。如此一来，成本也跟着降低了。就算刚加入这个行业的新手，也能够轻松上路。其他如书、杂志，等等，也可以利用这种方式投递。在大都市里设置发送中转站，设置密度必须比现在的邮局更高；在人口稀少的地方，设置点就不需要非在最后的一公里，或许十公里设一个发送中转站就可以了。

国营邮局转型为配送公营公司之后，业务量势必会增加。我建议在实际运作的时候，可以把发送中转站的业务委托给民营业者。如此一来，即达到了小泉首相改革的目的，让国营事业走向民营体系。

虽然我认为小泉首相要将国营事业变革为民营事业是错误的，但是把工作交由更多的人来参与却是好的。基于这种想法，如果把公营公司的工作限定在制定全国服务的标准、监管受委托者的业务，而把大部分的工作移交给民营业者，就没有什么好奇怪的了。只是在人口稀少的地方设置发送中转站，民营业者可能没什么兴趣，还是必须由国家来营运，才能维持一般服务的功能。

另外，所有服务的成本也会比现在大幅降低。尤其是报纸，现在许多人都订两份以上的报纸，或早或晚投递到信箱里。实行这个方法之后，不论订几份报纸，都可以由同一位投递者将各报同时送达，邮寄费用当然大幅降低。如此一来，就可以对抗大型报社的垄断体制，让使用者可以有机会接触到有趣的非主流报纸。

当然，实行垄断体制的大型报社，可能会反对我这个提议，但是如果他们公然这么做就会露出马脚。因为如果他们一边赞成小泉的改革，一边又为了自己的利益而提出反对，他们媒体的专业性和企业素质就会受到质疑。

现在，报社在网络、定期出版免费寄送的册子等的竞争下，要维持晚报的运作将越来越困难，而且要招聘送报员也并不容易。在这种情形下，我认为报社迟早都必须实行我所说的协同配送方案（共同合作收集、发送机构）。报纸本来应该以内容取胜，但是现在大型报社却以垄断市场、送赠品或礼券的方式维持业绩。这种做法是本末倒置、完全错误的。

这种方式能使邮政事业的规模比现在更大，同时又能改革日本的物流配送体制。关于配送公营公司组织，全国由一家总管，效率会比较好。如果一定要分割开来，就先在全国设立协作组织，制定协作标准。如此一来，就算以各地区或者以省县市来区别，也不会有太大的缺失。

总之，最重要的是要制定发送中转站的标准作业流程，好让公营组织尽到该尽的责任，而运营者也可以公平地进行营运。至于邮件，由于这是以使用者自费为前提，所以就算把这一部分业务全都委托给民营公司也无妨。另外，关于发送中转站的设置，则采取招标制。所以应该为现在的送报营业所、邮局、快递的发送中转仓库、广告宣传单业者、书店等，开辟一条共同参与企划的推广之路。

先确认原则，再来谈改革

最后，我要举的例子是经济财政咨询委员会提出的窗口公司事业。

让窗口变成事业单位，真的无法想象，所以我对于这种构想完全不了解。结构改革已经讨论了这么久，或许政府方面已经本能地料到，邮政三事业不是无法成立，而是不能适应民营化，所以才会有人为民营化提出“在全国广设两万六千个网点，因为窗口有竞争力”的歪理。

但是，邮局是属于全体国民的，民营化之后，国家如果要在全国设置两万六千个网点（窗口），就必须付钱买土地、缴固定资产税，并以现在的价格向国民购买邮局建筑物。如果以这个前提考虑的话，就是让窗口公司事业变成收益事业（日本法人税法第二条第十五款，称收益事业系买卖业、制造业或其他政令规定之事业），因此，凡是使用窗口的公司，都必须缴纳相当一笔手续费。

然而，本来邮局在卖了房舍之后，资产所得就必须纳入国库。因此，提出此案的人，一定是佯装不知，才会提出这种通吃的构想。我之所以考虑让配送事业继续维持国营，是因为在人口稀少的地方以民营的方式设置发送中转站相当困难。

NTT 公司在民营化的时候，也被赋予开放线路的义务。因为这是国民辛辛苦苦所建购的网络，所以有人呼吁要开放给第二电（Daini Denden Incorporated，第二电株式会社，简称 DDI，二〇〇〇年十月和 KDD 及 IDO 合并为 KDDI）等新兴业者参与。窗口公司的情形也和 NTT 的情形相仿，如果不开一开始的题目是“民营化”，就满脑子只有一个民营化，只要有人持反对意见，就泛政治化采取肃清行动。其实这是一种独裁。

放给其他的企业就是不平等竞争。因此，如果民营公司要在这些原来是邮局据点的地方设柜台也是合情合理的。

所以邮政三事业民营化一事，在进行讨论时，首先应该确立标准。另外，国会中参与立法的议员，对于三事业的现状、时代背景，等等，也应该有共识，而委员会的议长更应该发挥指导作用。

此外，原本民营化在接受垂询时就有问题，所以一开始就必须设定正确的目标。因此，讨论的重点不应该是民营化，而是以行政改革为优先，没有什么议题是神圣不可置疑的。换句话说，当然就是以“三事业没有继续存在的必然性”为前提进行各种讨论。

但是政客的议事手法，像极了小学生处理老师布置的作业。一开始的题目是“民营化”，就满脑子只有一个民营化，只要有人持反对意见，就泛政治化采取肃清行动。其实这是一种独裁。

总而言之，事实告诉我们，日本在处理国家重大事项时，不但思路一片混乱，所讨论的议题也都无法整合。我的举例解释是稍微冗长了一点，不过这是为了让读者彻底了解这件事。

第三章 洞悉本质的过程

在新经济的世界里，如果不具备洞悉问题本质的能力、凭一己之力解决问题的能力、构思创意挑战新事业的能力、研究打败对手的企业战略的能力，就会被所属的企业驱离职场。

你能洞悉问题的本质吗？

企业的价值如何估算

在前面两章，我所介绍的解决问题的思路、说服别人的逻辑结构化技巧，并不是只适用于经营管理。从国家战略到家庭旅行等，不管任何情形都可以派得上用场。所以每天锻炼逻辑思维能力，你就可以逐渐洞悉问题的本质。

所谓洞悉本质，就是看清楚问题真正的原因，并导出正确的解决方法。也就是说，通过洞悉问题

> 所谓洞悉本质，就是看清楚问题真正的原因，并导出正确的解决方法。也就是说，通过洞悉问题本质的过程，要导出正确的结论并不困难。

本质的过程，要导出正确的结论并不困难。

二〇〇四年三月，决定接受产业再生公司（Industrial Revitalization Corporation）援助的嘉娜宝公司（Kanebo The Lifestyle Company）本来打算卖给花王公司（Kao Corporation），但是在工会的反对之下没有这样做，最后选择接受援助。嘉娜宝这个选择到底是对还是错？我先从结论谈起。

“以四千亿日元卖给花王公司是正确的。”

“由产业再生公司出资三千六百六十亿日元让嘉娜宝进行改造是错误的。”

理由何在？

首先，我们来看如果把嘉娜宝的化妆品业务卖给花王公司会怎样。

在日本，花王公司拥有全国最强的成本竞争力，物流经费全国最低。而嘉娜宝化妆品业务根据二〇〇三年三月的结算，年营业额是两千一百亿日元，营业利润为三百二十亿日元。不过由于嘉娜宝化妆品业务属于高成本业务，所以它的实际营业利润估计只有两百亿日元。但是如果能利用花王的优势战略，而使嘉娜宝的成本降低30%的话，嘉娜宝的营业利润就有可能是六百亿日元，就算不到六百亿日元，至少也有五百亿日元上下。

据合理的计算，企业的价值等于企业获利的自由现金流量①的八倍。因此，如果嘉娜宝的营业收益是六百亿日元，八倍就是四千八百亿日元；营业收益如果是五百亿日元，八倍就是四千亿日元。这就是嘉娜宝最合理的企业价值，也就是说四千亿日元的卖价是非常合理的。

接着，我们再来看看产业再生公司拿出三千六百六十亿日元协助嘉娜宝进行改造，这种做法和卖给花王公司最大的不同点，是产业再生公司能够给予嘉娜宝金融援助，却没有全国最强的成本竞争力和物流系统。所以“花王出四千亿日元，那我出三千六百六十亿日元总不会太离谱吧”的歪理是行不通的。如果成本及物流系统仍然维持现状，嘉娜宝要有两百亿日元的获利还是很勉强的。而且就企业价值而论，两百亿日元获利的

① Free Cash Flow，营运收入减去开支、税项、周转资金和新增投资额后得到的数字，小于营运现金流量。

八倍——一千六百亿日元已是嘉娜宝目前企业价值的上限。

事实上，根据二〇〇四年三月的结算，嘉娜宝化妆品业务的营业利润比之前更低，所以在现在这个阶段，嘉娜宝的企业价值是大幅滑落的，今后或许还会跌得更厉害。因此，为这样的企业掏出三千六百六十亿日元，简直是外行人的做法。不，应该说比外行人还愚蠢。

从嘉娜宝看什么是正确的解决方案

嘉娜宝的问题，只要用我在前两章所详述的解决问题的方法进行分析，很快就可以找到正确的解决方案。

首先，看看化妆品业界的动向。在外资化妆品公司开始抢攻日本市场之后，日本本土化妆品企业的市场占有率急速萎缩。因为年轻人来者不拒，很喜欢外资系的化妆品，只要走进百货公司的一楼，就会看到雅诗兰黛、倩碧、MAC、品木宣言，还有欧莱雅等各式外国彩妆专柜比邻而列，而嘉娜宝、资生堂给人的感觉却是最好安静地放在乡下的药妆店里，毫无气势。因此，从业界的动向来看，外资化妆品可以说是成长显著。

对嘉娜宝而言，最重要的不是和资生堂竞争，而是渗透到年轻顾客的层面。嘉娜宝就是因为快速流失了最肯为化妆品埋单的客户市场，才会无法创造整体的利润。

在实际的改造作业中，嘉娜宝究竟采取了什么解决方案？受到中国厂商的冲击，嘉娜宝纤维市场及其他业务都不赚钱，因此，在大家一致认定“要想赚钱，只有靠化妆品”的情形下，嘉娜宝从其他部门调来人手投入化妆品部门，试图强化营业能力。人手增加了，营业额却未如预期向上提升，反而因为人力成本的压力，使四百五十亿日元的营业利润降到一百六十亿日元。

换句话说，嘉娜宝失败的原因，是因为做了靠增加人手强化营业能力的错误选择。其实他们只要看看业界的动向，就知道以人海战术和资生堂争夺市场是没有意义的，应该设法降低人力成本。然而，嘉娜宝却反其道而行。嘉娜宝真正应该实行的对策，是研发年轻人能够接受的商品，在业界对策上下功夫。

因此，嘉娜宝要扭转现状，有两个选择：一是釜底抽薪，只留下销售渠道，把公司卖给外资公司，然后靠自己的销售能力销售外资公司的商品；二是请成本控制高手花王公司来关照嘉娜宝。

现在，我们就分别来探讨这两种选择：将嘉娜宝卖给外资公司，我认为以现实状况来看相当困难，因为外资公司已经占据了百货公司等渠道中最好的化妆品卖场。所以，嘉娜宝本身的渠道将失去魅力，而外资公司也不太可能会出高价买下嘉娜宝。

另一种选择，则是将化妆品业务卖给花王。花王拥有嘉娜宝最欠缺的成本竞争力，如前面所计算的，如果利用花王的竞争优势，让嘉娜宝的成本降低30%，嘉娜宝的营业收入就有可能达到六百亿日元。这对花王来说，当然值得以四千亿日元买下嘉娜宝。即如一开始我所提的结论，与其把嘉娜宝卖给外资公司，不如卖给花王。但是实际的状况是，嘉娜宝因为工会的反对，而让此案流产，所以工会迟早都会遇到麻烦。

不只是嘉娜宝的问题，事实上，为任何问题寻求解决方案时，我都可以在瞬间遵循这种思维模式。也就是说，就算不画出金字塔结构，我也可以瞬间在脑海中展开同样的思考；就算不事先写下一段段的文章，我也能开口就说。这是因为我已经根据金字塔结构，分析了数千个案子。所以不论给我什么样的问题，我都能在瞬间找出走向正确解决方案的思考路径。

在嘉娜宝的例子中，唯一不能获得百分之百证明的，大概就是嘉娜宝在乡下的渠道及中老年顾客层的渠道。所以或许有人会指责说，我的结论只不过是假设。关于这一点，只要派人到实地调查就行了。

经营管理顾问只要收了钱，就会花时间谨慎做好这件事。其实，即使不是业界的专家，只要锻炼思路，也可以导出同样的结论。

缺乏逻辑思维的新闻媒体

看媒体报道，我发现新闻工作者似乎也没有一个人懂得逻辑思维。

对于嘉娜宝事件，竟然没人写：“这叫国家犯罪！产业再生公司无法再造嘉娜宝！”只要稍微动脑想一想，就知道产业再生公司无法胜任这项任务。新闻工作者在政府公布消息的那一瞬间，就应该表示愤怒，并且写出大标题：“将人民的税金三千六百六十亿日元丢入臭水沟！”然而，所有的新闻工作者都照着政府的新闻稿发布信息：“将解救嘉娜宝的使命委托给产业再生公司！”真是可悲。

就连报社记者也是如此。这种做法像极了做拉面，只要在新闻稿上加入汤汁，就变成一则新闻了。本来我以为新闻工作者最擅长采访，但是我似乎找不到一位真正到现场进行访谈的新闻记者。

因为所有媒体都把政府的假设当成是结论忠实报道了。照本宣科真是非常轻松愉快，因为不管怎么做都行。

所以日本政府今天才会这么狼狈。因为所有媒体都把政府的假设当成是结论忠实报道了。照本宣科真是非常轻松愉快，因为不管怎么做都行。

如果日本的新闻工作者懂得运用金字塔结构法，从一开始就报道政府所说的只不过是假设，结论完全不是那么一回事，日本就不会像现在这样一片混乱。当然，我在第二章所谈到的道路公有及邮政三事业民营化，新闻工作者处理这两个问题的态度和嘉娜宝事件如出一辙。

不可原谅的银行

日本长年来的存款利率都维持零，可是动动脑筋想一想就知道这是错误的。

我曾经试着计算银行应该支付给储户的利息。根据一九八〇年的资料，我知道银行将取自融资户利息中的50%

> 事实上，银行业者只是拿走了储户的利息，在接受纳税者的援助而已，自己的努力根本是零。

付给了储户。如果二十世纪九十年代也和二十世纪八十年代一样，那么，最少支付给储户的利息是九十四万亿日元左右。也就是说，银行把应该支付给储户的近一百万亿日元的利息占为己有了。难怪他们可以悠闲自在地说："不良债权的问题大概都处理好了。"简直是把储户当白痴。

本来应该付给储户的利息不付，做放款业务的时候照收利息，银行就这样将储户的九十四万亿日元利息占为己有，还以公共资金的名义，得到四十五万亿日元的税金。难怪国民会发出怒吼之声。

因此，我又更进一步试着根据"相对于国债利率，银行应该付给储户多少百分比的利息"的观点进行计算。二十世纪八十年代，银行利息大概等于国债利率的80%～90%。所以根据我的计算，二十世纪九十年代，银行必须支付给储户的利息是二十五万亿日元。

银行业者理直气壮地高喊："银行业已经重新站起来了！"

事实上，银行业者只是拿走了储户的利息，在接受纳税者的援助而已，自己的努力根本是零。所以国民应该大声疾呼，银行应该和百货公司、便利超市一样，星期六、星期天也要上班，而各媒体更应该替全体纳税人出一口怨气。

总而言之，看到新闻业者列出“不良债权的问题，已经突破了瓶颈”的标题，就知道新闻记者丧失了分析能力。他们真正该写的是：“银行欺骗储户，银行借用纳税人的钱才终于摆脱危机。今后他们应该付利息，周末也应该上班！”

银行合并是个大错

有人说银行的危机已经过去了，我则认为说这些话的人根本就是老眼昏花、搞不清状况，因为银行并没有为解救自己尽过一分努力，就算不良债权的问题解决了，银行仍然完全没有竞争能力。所以应该说真正的金融危机才刚刚到来。

从二〇〇〇年起，大型的城市银行陆续合并，于是，日本出现了瑞穗银行控股公司（旗下有瑞穗银行、瑞穗实业银行两家银行，由原第一劝业银行、富士银行及日本兴业银行整合而成；而瑞穗银行控股公司又隶属于瑞穗金融控股公司）、三井住友银行（隶属于三井住友金融控股公司）、UFJ 银行（隶属于 UFJ 金融控股公司）及东京三菱银行（隶属三菱东京金融集团）等四大巨型银行体系。看到银行业界这么大的动作，大家以为金融业重整结束，银行终于可以让大家安心了。实际上，合并的效果几乎为零。

当企业合并的时候，两家企业营业额与成本的差距，通常有助于改善之前的运营情况，但是日本的银行并未努力。我常常搭出租车来往于新宿街道，却看不到一家因为合并而关闭的银行分行，它们仍然高挂着和从前一样的银行招牌继续营业。显而易见，合并的成效是零。

果然不出我所料，UFJ 陷入经营危机，二〇〇四年七月宣布和三菱东京 FG 合并。这是因为住友信托银行和 UFJ 信托银行合并的事情遭到撤回，于是，住友信托银行请求不要再和 UFJ 继续交涉。另外，三井住友银行又借合并的名义大演闹剧，结果 UFJ 只好朝着和三菱东京 FG 合并的方向而努力。但是就我看来，不管 UFJ 做什么样的选择，都是一个大错误。因为规模变大，并不表示运营状况就能改善。

大家对银行今后的期许是“质重于量”。因此，银行首先必须具备运营能力，但是这四大巨型城市银行都没有这种能力。

现在不良债权最少的东京三菱，其获利能力尚不及 UFJ、三井住友，这就足以证明规模的大小和获利能力并没有直接的关系。

其次，因为世界性的资金流动会直接冲击到金融业，银行为了求生存，必须强化投资功能、证券功能，以及个人资产运作功能。但是日本的大型城市银行也做不到这一点。

再次，从银行分行仍然继续营业的状况来看，很明显，日本的大型城市银行并没有进行裁员。以有缺不补、不再招考新人的方式，在五年内达到自然减少数千名工作人员的做法，和在一年之内，大幅削减分行及人员的真正裁员，有相当大的区别。

经济财政相竹中平藏曾经说过："大型银行只要有两到三家就足够了。"从他的思维模式推断，他的想法一定是 UFJ 会因为经营不善，而卖给外资机构或是丰田公司。所以 UFJ 才会先下手为强，以合并的方式求得生机。我想事情的真相应该是如此吧。

但是就算能够苟延残喘，真正的危机还是会接踵而至。

各大媒体争相报道，UFJ 和三菱东京 FG 合并之后，世界最大的巨型银行诞生了。事实上这些报道只是人云亦云，因为只要应用逻辑思维，应该就会产生疑问："这么做，日本的金融机构真的不会有问题吗？"

真正的金融危机刚刚浮出水面

假设 UFJ 和三菱东京 FG 合并之后，政府表示二〇〇五年四月会为 PAYOFF[①] 解禁，所以银行业重整的问题已经处理完毕。我想各媒体也会照此报道。二〇〇三年，当时的金融厅长官高木祥吉曾拍着胸脯保证："二〇〇四年四月，金融业界只会留下优秀的银行。"但是四月过后才不到三个月，原本应该有突出表现的 UFJ 已经卖掉了信托银行，并且对三菱阿谀奉承。

假设银行业重整问题已经处理完毕，那么，日本的金融机构应该拥有竞争的实力了，但是事实上并没有，更大的危机却接踵而至。

如读过社会学的人所说的："因为之前没有发生过的事情，所以以后也不会发生。"于是这些人就相信奇迹了。而且为了表示自己相信奇迹，进而开始谈论"马克斯·韦伯是这么说的……""过去的模式是……"，完全漠视理论的存在。逻辑所

---

① 存款保险制度的一条，当金融机构经营不善时，金融机构可以不必将储户的存款全数还给储户。

导出的，却是一连串的问号。

因为金融并不是社会学，而是物理学。现在的银行就像被强迫喂食、好把肝养大制成鹅肝酱的鹅一般，无止境地吞食国债，把肚子撑得大大的。因此，一旦国债暴跌，一颗炸弹就会在肚子里面爆炸，而国债暴跌的后果，远比不良债权问题严重得多。只要动脑想一想，事情就一目了然了。

不论是利息的问题还是人员雇用的问题，凡是和经济有关的问题，大都属于物理学的范畴。只要以物理学的观点去分析这些问题，就一定会得出那个唯一的结论。

观察经济、社会动态的时候，我会当作是在打保龄球，眼睛一直追着球的轨迹跑，看看谁说的话才是真的。但是最恐怖的是，大部分人的球都没有沿着正确的方向前进，反而突然朝着毫无道理的方向而去。新闻记者所写的新闻大都属于这种情况。

如果我是新闻工作者，我会这么说：

“银行靠着不付储户利息而苟且偷安，就算它们能够解决不良债权的问题，但是在世界金融舞台上，它们会有生存的空间吗？”

有状况发生的时候，媒体马上就把新闻焦点锁定在“领导

> 如果要立足于未来，敏锐洞悉问题本质的逻辑思维能力是非常重要的。因为未来是一个如果不用逻辑思维就无法管理国家、进行公司经营的时代。

人是否该负起政治责任”“领导人该何时下台”，但是把领导人拉下了台，让领导人负起政治责任之后，还是没有掌握问题的本质。所以正确的做法应该是，在如何改善经营和如何研究得出有效的具体方法的主题之下，提出如果现在的领导人无能为力的话，就换一个有能耐的经营者，因为以强硬的手段把原领导者拉下台，只不过是目标实现过程的一部分。

在思考问题本质的过程中，一旦以逻辑结构法导出结论，对手将无所遁形。

如果我是新闻工作者，对于被评论者而言，我或许是个恐怖的人物。但是如果要立足于未来，敏锐洞悉问题本质的逻辑思维能力是非常重要的。因为未来是一个如果不用逻辑思维就无法管理国家、进行公司经营的时代。反过来说，如果大家都能摆脱以往的思维模式，学习逻辑思维，培养洞悉问题本质的能力，不但我们的国家会越来越强盛，我们的社会，甚至于我们每个人的生活都会越来越美好。

不要轻信媒体新闻报道

接着我们再来看看被派遣到伊拉克的自卫队加入英美联军的问题。政府说：“日本的指挥权会脱离美国联军而自行独立。”二〇〇四年六月一日，《朝日新闻》《读卖新闻》《每日新闻》三大报，全都在早报的第一版刊出“英美也同意了”的头条新闻。但是只要稍稍用一用逻辑思维的方法，就会马上明白要英美同意是不可能的。

新闻工作者撰写新闻稿时，最基本的要求就是“5W+1H”。但是这三大报所报道的新闻，完全没有提到谁（Who）、何时（When）、何处（Where）、什么（What）、为何（Why）和如何（How），只是把政府所发布的新闻稿原原本本印上去。这是非常可怕的。

果然不出我所料，当在野党开始质问有何证据证明英美也同意了之后，才知道原来政府只有外务省所编造出来的文件作为证据。有关单位不但说不出英美两国中到底是谁同意了，对于有人质问是否有英美方面的具体文件时，也只能回答提不出来。结果，到了六月十八日，日本外相川口顺子才对外说明，所以轻易相信电视新闻、报纸新闻是非常危险的，尤其当新闻中看不到“5W+1H”时，必须更加留意。

事实上是次于大使之位的公使口头上说了解。可是了解并不等于同意，同意是要有保证的。

换句话说，最初的“英美也同意了”的新闻报道等于是捏造的，是三大报社在协助政府欺骗老百姓。所以轻易相信电视新闻、报纸新闻是非常危险的，尤其当新闻中看不到“5W+1H”时，必须更加留意。

当政府表示自卫队要加入联军，并说英美也同意时，新闻记者应该怎么质问呢？我们来做做以下的练习题。

练习题

假如你是一名新闻记者，对于日本出兵参加驻伊联军一事，你会提出什么样的问题？

解说

只要稍稍应用逻辑思维方法，就知道让自卫队加入联军，根本是不应该的。

首先，自卫队从一开始就不是以军队之名被派遣到伊拉克的。

自卫队不是军队，而是基于人道主义去协助伊拉克进行战后重建的，所以他们的活动仅限于在非战斗地区支持重建工作。虽然说是非战斗地区，但是仍然具有危险，所以有关部门才将非营利组织及民营企业排除在外，而将受过训练的自卫队送到伊拉克。也就是说，以军队为前提，本身就是错的。

自卫队何时成了联军的一员？也就是自卫队何时变成了军队？

如果以“5W+1H”的方式质问，我们必须按照如下方式。

让自卫队参加联军根本是胡闹

其他参与伊拉克重建的国家必须以非营利组织的名义行事，也就是负责食水供应、医疗服务、参与办学校的人道援助活动，等等。在日本的自卫队到达之前，他们应该都没有混入英美联军之中。

所以好的质问应该是：“挪威的非营利组织有没有加入英美联军？”答案一定是“没有”。你还可以接着问：“那个时候的指挥权情形如何？”如果对方一脸茫然或者开始怒目相向，你就说：“自卫队不是军队，他们是为了协助伊拉克重建才到伊拉克，所以所做的事应该和挪威的非营利组织一样。既然如此，我们当然会认为自卫队和从日本去的非营利组织立场相同，自卫队为什么要加入英美联军呢？”

全体日本国民像被催眠了一般，连这么简单的事都看不明白，甚至应该算得上是高级知识分子的新闻记者也无知地附和，协助政府传播错误的消息。

被派遣到伊拉克的自卫队，其定位和挪威的非营利组织是相同的，所以提这几个问题就等于在问："挪威的非营利组织加入英美联军了吗？""那个时候，挪威政府的政权延伸到伊拉克了吗？"从这两句话去思考，就知道让自卫队加入英美联军根本就是胡闹。

但是，全体日本国民像被催眠了一般，连这么简单的事都看不明白，甚至应该算得上是高级知识分子的新闻记者也无知地附和，协助政府传播错误的消息。所以我要说的重点是，日本的宣传媒介竟然会变成这样，真是太恐怖了。

事实经过确认之后，美国白宫发言人麦克拉克伦（McLachlan）在记者会上说："整个联军由美军司令部全权监督。"这和日本政府所发布的官方消息完全不同，所谓"英美也同意了"的报道更是离谱。

新闻工作者接着还应该提出下列质问：

"自卫队在这个星期或者是下一个月，在伊拉克南部城市

> 只要大家都掌握了逻辑思维的方法，就不会使国家的命运受影响。

塞马沃会做什么具体的工作?”

听了对方的回答之后，对自卫队的实际状况应该就会一清二楚了。换言之，自卫队如果有个万一，日本的政权将会动摇，所以对方一定会自行招认，事实上自卫队并没有离开营地一步。如此一来，大家当然就会开始讨论，自卫队队员既然不是在做每人每天十万日元的危险工作，那就应该快点回国。

无奈大多数的日本人听了日本政府所发布的消息后，就以为原来如此！就算加入联军，自卫队的指挥权还是在日本政府手里，如果有紧急状况，日本政府可以自行下令让他们回来！幸好这次的事情很快就露出了破绽，于是大家觉得事情有待商榷，并开始怀疑小泉是不是也和布什一样在说谎，让小泉的人气急速滑落。因此，只要大家都掌握了逻辑思维的方法，就不会使国家的命运受影响。

坚持对事不对人，企业就可以重生

对事不对人，才能洞悉事实

人之所以会对逻辑思维感到棘手，和我们的心智模式有关。逻辑思维的基础在于累积事实，但是大多数人是不忠于事实的。通常日本的公司在讨论业绩不佳是因为产品不好还是销售方法不好的时候，销售部的主管会说："是产品欠佳，所以卖不出去。"而生产部的主管会说："是销售部销售无方，所以产品卖不出去。"对销售部的主管来说，

> 一家公司未把顾客放在第一位，而任由内部的争斗引导公司的经营，这家公司一定无法生存。

一句“产品欠佳”就可以捍卫自己，把一切归罪于外，要别人好好设计、降低成本，因为产品成本高，所以业绩才会灰头土脸。

所以在销售部门工作的人，原本就具有憎恨生产部的基因。而生产部也会同仇敌忾地认定：“销售部不卖力，我们就算做出优良的产品也一样卖不出去！”

但是要进行逻辑思维，大前提就是忠于事实。假设调查的结果，有十几位销售人员的业绩非常不错，就表示并不是产品不好。这个时候，如果销售部主管还执意说因为产品欠佳，情形会如何？这么一来，公司当然就无法根据事实做正确的分析，导出正确的答案。就因为这位销售部的主管只忠于自己的立场、自己的部门，而不忠于事实。

如果公司里都是这种人，绝对没有办法解决问题，因为结果一定是声大者势强。也就是说，如果总裁是做销售出身的，销售部的意见就会比较强势；如果总裁是生产部出身的，销售部的人就得像个小媳妇。也就是说，公司内部容易产生互相埋怨。一家公司未把顾客放在第一位，而任由内部的争斗引导公司的经营，这家公司一定无法生存。

能做到对事不对人，就不会在乎自己的立场。因为事实出现之后，你就会忠于这个事实，坦然接受这个事实。不能忠于事实，不但无法洞悉问题的本质，也不可能找到正确的解决方案。因此，为了找出真正的解决方案，首先必须让自己站在没有偏见的立场上。

不管自己的情绪如何，对于所呈现的事实，一定要虚心接受，因为这是解决问题的前提条件。

要有说服老板的勇气

很糟糕的是，有99%的人都认为自己没有偏见。这种情形就像在第二次世界大战期间，有99%的日本人呐喊“英美畜生”，人一旦深信就会忘了怀疑。

但是，战争结束才三天，日本人就一百八十度大回转，开始对英美礼赞，喊着“Give me chewing gum”（给我口香糖）！这个时候，日本才刚在密苏里号战列舰（USS Missouri，就算总裁是站在反对的立场，你也要有说服他的勇气。不论你多么厌恶这位对手，你还是要忠于事实，这才是解决问题的根本原则。

BB-63）上签下降书。在麦肯锡工作的戴维·哈兹，当年正好就是密苏里号上的船员，他告诉我：

“长官告诉我们：‘日本人是很狰狞的人种，上岸之后，绝对不可以背对日本人。行动时一定要集体行动，绝对不能够落单，随时保持自卫的警觉性。’但是当我到了日本，走在东京的街道上，大家竟然一脸笑容，对着我们说：‘Hello！Hello！’有一天我上街，那个时候正好是日本签下降书的第三天，但是坚持战到最后的日本人似乎都不见了！”

这种事听起来好像很可笑，但是日本人真的就是这个样子。要说战争前后的日本人有什么不同，那就是立场不同了。在战前或战争中，被日本军部瞪一眼，事情可就严重了，所以大家争着说“英美畜生”。但是日本成了美军的占领地之后，大家觉得识时务者为俊杰，所以就改变了立场。

事实上，这种戏码在现今的企业中，还是常常上演。有人只不过是代理总裁，发言时就判若两人，所在的部门，也同样会影响发言立场。这种人最大的缺点就是不敢面对事实。

解决问题，首先就是要弄清事实。只有弄清事实之后，才能进一步思考什么是正确的、什么是应该做的，就算总裁是站在反对的立场，你也要有说服他的勇气。不论你多么厌恶这位对手，你还是要忠于事实，这才是解决问题的根本原则。

无法解决问题的公司，就是缺少这个原则。嘉娜宝为什么拒绝把化妆品事业部卖给花王？理由是因为工会反对。如果嘉娜宝要当工会的应声虫，从一开始就干脆把公司交给工会经营算了。如果决定权在工会，就请工会为嘉娜宝偿还五千亿日元的债款啊。

工会只是一个逃避事实的机构。一个总想逃避事实的企业经营者，应该从一开始就说明自己无法胜任经营者的职务，所以要辞职。也就是说，这样的企业经营者必须自行放弃参与谈判。因为既然已经开始和花王进行谈判，不管工会怎么说，身为嘉娜宝的经营者，就必须秉持信念，设法说服工会，并完成任务。

如果日本是自由经济国家，国家就不该为这种事随意虚掷人民的血汗钱。

不过，嘉娜宝的案子绝不是闲事，而是企业内部司空见惯、极为平常的事。

> 让自己置身于一个同类人构成的群体中时，就会失去训练自己解决问题的机会。

别让公司成了同类人的集团

日本的企业为什么会发生这种不合理的事情呢？我想这是因为公司已经变成了一个同类人集合在一起的集团。也就是这个公司可能大部分的人都喜欢创新，或者这个公司大部分的人都出身于相同背景，理由是这样沟通起来比较不费事。因为意见容易一致、没有对立对手，心情当然愉快。“是的，就是这样！”“嗯，我也这么想。”就算有人发表不一样的看法，也会被大多数同质人以“这就是我们的做法”给压下去。世上真的没有比这更轻松愉快的事了。

但是，让自己置身于一个同类人构成的群体中时，就会失去训练自己解决问题的机会。

以销售专业领域和生产专业领域为例，销售部是一个同类人的集团，总是“以产品不佳，所以卖不出去”归咎于对方，开始攻击生产部。而生产部则是以“产品没有问题，是销售部无能”为前提，开始攻击销售部。如此一来，大家都因为与对方达不成一致意见而没有改善的意愿，于是，公司就在问题得不到解决的情况下走向崩溃。

当自己的意见和对方不一样时，就应该秉持以事实为证的信念，设法让对方认同自己的意见。平时做这种训练的公司，和在同质集团中没有机会受到这种训练的公司，就会有相当大的差距。

企业界人士最不受惠的一点，应该就是人员同类。具有这一特质，当然有它的好处。但是当企业陷入困境，或者遇上激烈的国际竞争时，这一点就变成弱点了。

同类人更容易形成色彩鲜明的立场或是派系。所以遇到问题时，第一个考虑的往往是心情好不好、是不是可以继续保持一致。因此，当公司面临一个非常严重的问题时，这些人既无法坦然接受事实，更没有勇气接受这个对公司、对自己的巨大挑战。日本人和日本的企业，几乎都没有接受过这种训练，例如，雪印乳业集团以北海道大学的农学部为中心来发展整体的事业，事实上就有点冒险。再加上公司的职位又以人员毕业的年份来安排，所以当雪印碰到关系着公司存亡的危机时，脆弱这些人在求学阶段就置身于不同团体中，所以他们有许多机会训练自己解决问题的能力，日后要经营世界级的大企业时，他们也比较能够展现一技之长。

得完全经不起任何考验。

美国的情形正好和日本形成一种强烈的对比。美国是个民族大熔炉，不但有各类人种，中西部、东部、西部的文化也各不相同，甚至连宗教也是五花八门。例如一支十人团队，这十个人分属于不同的人种、不同的背景，一点都不足为奇。

这些人在求学阶段就置身于不同团体中，所以他们有许多机会训练自己解决问题的能力，日后要经营世界级的大企业时，他们也比较能够展现一技之长。

因此，在日本企业中，像丰田这般跻身于世界舞台的大企业，其领导人一定经常会给员工新的挑战，让全体员工都有“今天我们是第一，明天或许就垮台”的危机意识。因为这家以全日本获利最高自居的公司，比其他的公司都更有危机意识。

反之，会倒闭的公司就是没有危机意识的公司，我说这话绝不是危言耸听。

“否定自己”是优良企业的条件

在世界市场上具有竞争力的日本优良企业，不但不会让自己在感觉良好的温水中陶醉，还会在公司内部高挂挑战的目标。换言之，这些优良的企业都具有否定自己的勇气，它们就是借着自我否定，为追求更好而发挥变革的力量。这就是优良企业和失去竞争力的公司最大的不同之处。

做不到自我否定的公司领导人，一般都有自我陶醉、自我美化的倾向。即使时代变了，过去成功的经验行不通了，他们还是没有勇气承认，就因为他们总是沉浸在过去成功的回忆里，才让公司成了无法变革的僵硬组织。

丰田原来只是三河地方的一家乡下公司。照理说，这种公司很容易具有同类的特质，但是丰田把公司的目标放在“成为世界第一”，所以他们总是告诉自己，超越了福特汽车公司，前面还有美国通用汽车公司。他们非常庆幸日产汽车恢复了生机，也欣然接受本田变强了，因为这样才能让自己有危机意识，时时提醒自己只要稍一松懈，就会被国内这些公司抛在后头。

如果要问世界优良企业有什么共同之处，我想应该就是它们都具有吸收异己特质进入企业文化，并让这些异质推动企业向前迈进的本事。

如果要问世界优良企业有什么共同之处，我想应该就是它们都具有吸收异己特质进入企业文化，并让这些异质推动企业向前迈进的本事。

例如，一九八一年通用电气公司当时的总裁杰克·韦尔奇采用了“冲突对抗”的制度。简单来说就是对于某个意见，设法让和自己意见不同的人举手发言。当彼此的意见仍无法统一时，就从公司内部找来第三者担任裁判员，意见相左的双方，在裁判员前各自根据事实陈述自己的意见，最后再由裁判员裁断谁是正确的。

通用电气公司采用了这个制度之后，解决问题的速度加快了，而且出面仲裁不同意见的裁判员，还可借此升级。因为能够被称为裁判员，就证明此人是大家所信任的。

通用电气公司就在这种制度下，解决了不少被搁置已久的大问题。

U 形管现象和 J 形管现象

但是，在不具竞争力的日本企业里，经常可以看到“U 形管现象”。例如，公司出现问题时，设计部的主管下达指示：“去告诉营业部的人，公司有问题，全都是他们的问题，是他们不对。”于是，这道指示就从部门主管下传到一般职员。然后最底层的一般职员再和营业部的同事说：“我们的部门主管请你们向你们的部门主管说……”接着由营业部最底层的职员，再自下而上把话传给营业部的最高领导人。

最后，营业部的最高领导人在没有和设计部门主管直接对话的情况下，就对部下说：“简直是胡说八道！这种设计在市场上怎么会有胜算！”信息沿着 U 形管传达的结果，是什么问题都没有解决。即使领导干部们每周都开会，惨状依然如故。

更糟糕的是“J 形管现象”。一句“这种事情不必报告我们的部门主管”，让问题在未向上传达之前就被扼杀了。

一个组织之所以会产生这些现象，就是因为部门领导者及不同部门的人未跨部门进行沟通，所以当然也就更不会为了寻

> 一个组织之所以会产生这些现象，就是因为部门领导者及不同部门的人未跨部门进行沟通，所以当然也就更不会为了寻求共识而进行调查。

求共识而进行调查。甚至问题才发生就受到阻挠，连解决问题的入口处都没能到达。

事实上，来自公司外部的企业管理咨询顾问之所以能够生意兴隆，就是因为企业具有这种缺陷。这些企业无法靠自己的力量做任何改变，在进退维谷、一筹莫展时，只好从公司外面请来经营管理顾问。不过，就算这些来自公司体系外的第三者，以旁观者的立场说事实就是这样子，某些员工听到有不利于自己立场的消息，会说："这是总裁叫来的人，不听也不行。"于是行动起来就不情不愿、拖拖拉拉。但是，只要拥有了解决问题的方法，陷入停滞的企业还是可以创造惊人成果的。

如果通用电气公司找上我，要我为他们创造更高的获利，或者是丰田要我为他们再降低成本，我想我应该不会接受这两个案子，因为在这两个问题上，不管是通用电气还是丰田，都像是一条已经绞得很紧很紧的毛巾，再也拧不出一滴水来了。

戈恩改革成功的真正原因

日产汽车在由戈恩先生担任首席执行官之后再获成功。戈恩先生之所以能够成功，原因非常清楚，那就是日产汽车公司采取充分授权，让戈恩拥有绝对权限。

一般来自外部的顾问，虽被高薪聘任，但是并无权限，所以在提出解决方案时，如果对方不采纳，并大吼一声“出去”，顾问就只有乖乖退场。戈恩先生在日产汽车却像第二次世界大战进驻日本的麦克阿瑟将军一样，拥有至高无上的绝对权力。

在生产部及采购部的眼里，戈恩先生是恶魔。但是在不容分说的铁腕下，他变成了英雄，变成了“经营之神”。

但是，他实际上所做的事，只是为了改善赢利能力，而提出降低20%采购费用的目标。所以他只说了几句话：“不要再买那么贵的零件！设法让厂商降价，要不就寻求更廉价的厂商！”这其实是再理所当然不过的事了。如果有人说：“我们不能舍弃前辈的公司！”戈恩先生的回答就是：“你不愿意这么做就离职！”这就是戈恩先生的绝对权力。所以，即使有人认为他是个很残酷的人，还是只能遵照规定，割舍前辈们所经营的公司或者关系企业。

戈恩社长之所以能够如此活跃，有一个人绝对功不可没。那个人就是带戈恩进入日产的日产前任总裁塙义一。当时戈恩能够完全依照自己的意思，整顿日产的环境、健全日产的体质、降低采购费用、舍弃许多承包商，塙义一总裁一定都在幕后大力支持，所以戈恩先生只要说说理所当然的话就行了。因为，如果有人提出不同的意见，戈恩先生只要说一句法语“Je ne sais pas”（不知道你在说什么），就可以让改革继续进行了。

这种做法竟然能够在日本的企业收到这么大的成效，恐怕连戈恩先生自己都没想到！可是在紧要关头，戈恩先生这种做法，真的就产生了连他自己都惊讶的效果。戈恩先生常以“我为什么会成功”为题进行演讲。我想在演讲中，他或许真的会产生错觉，觉得自己具有神力。

如果日产原本就没有实力的话，戈恩先生所推行的改革是无法取得成效的。因为要制造汽车、创造赢利、提升营业额，并不是一件容易的事。就连像三菱这种拥有精良的汽车制造技术的公司也会发生因为卖出缺陷车而连续召回的窘迫事件，所以日产本身的技术如果不行的话，要想在那么短的时间内，突大多数企业的特点，或多或少都会像戈恩先生入主前的日产。对前辈所服务的店不敢说重话，对前辈所领军的合作商不敢挑剔，凡事唯唯诺诺，就怕伤了和气。

破经营上的瓶颈，重组成功是不可能的。也就是说，日本企业本身的经营能力及组织上的问题非常重要。

一般的公司，绝对没有人能够像戈恩先生一样拥有绝对权力，以致不论是在赢利还是市场占有率方面，都无法彻底扫除障碍，达到预定目标。尤其是销售部门和生产部门有对抗情结的公司，更是问题一发生就被打入冷宫不见天日。因此，原本被认为极有发展潜力的公司，就会因为没有积极解决问题，而让业绩一蹶不振。这就是一般企业最可惜的地方。

在“U 形管”“J 形管”的组织中，日产的员工仍然可以制造出结构不错的商品创造赢利。但是当公司内外有集团操作、有派系介入时，就会错失商机及赢利空间，因为日产并没有彻底发挥出潜能。

大多数企业的特点，或多或少都会像戈恩先生入主前的日产。对前辈所服务的店不敢说重话，对前辈所领军的合作商不敢挑剔，凡事唯唯诺诺，就怕伤了和气。但是在现在这个时代，如果仍然保持这种心态的话，不论规模多么庞大的企业，都会失去生存的空间。

全世界的企业都是类似的

原本经营就具有一般性、普遍性。日美的经营系统在二十世纪八十年代曾被大书特书，但是事实上，不论日式还是美式，其经营本质几乎是一样的。我们常说的终生雇用制、年功序列制，其实都不是日本固有的，在美国的企业里也可以看到这些制度。我刚进入麦肯锡公司的时候，也就是二十世纪七十年代的美国，大企业根本不会解雇员工，所以一般人一旦有机会进入大企业就业，就一辈子待在公司慢慢由下往上爬。

但是到了二十世纪七十年代后期，美国经济的高速成长期宣告结束，开始进入裁员的时代。裁员盛行，人力中介业兴起，年功序列制不复存在。只要有能力，年纪轻轻一样可以领高薪；反之，有年资的中老年员工，如果没有业绩，也只能领微薄的薪资。终身雇用作为公司内升级唯一选择的时代终于结束。此外，由于投资者的参与，在美国的企业里，股东都有非常强势的发言权，因此，企业每隔三个月就必须向股东们报告

> 现在的企业已经打破了国家属性的框框，在无国界的世界里自由活动。

赢利情况。

现在我们所谓的美式经营、美式企业形态，事实上是从二十世纪八十年代才开始的，在这之前，美国的企业和日本的企业几乎没有什么差别。日美的企业后来之所以会有差异，是因为所处的状况不同。因此，泡沫经济崩溃之后，陷入低迷的日本企业会和美国企业朝同一方向改变，是必然的现象。

例如，NTT DoCoMo 的总裁津田志郎先生，后来被竞争对手沃达丰（Vodafone，全世界最大的英国无线电话业者）挖去当总裁。这在电信业界是一则大新闻，同时也是一种流行趋势。今后，登陆日本的外资公司碰到经营上的瓶颈时，想必就会直接以高薪对业界顶尖的经营者进行挖墙脚。另外，人力公司也一样会以此为商机。其实只要我们稍微留意一下，或许就会发现日本和德国一样，都已经很接受美式的人力中介了。

所以我认为在未来的时代里，全世界的企业将会越来越相似，这是必然的现象。现在的企业已经打破了国家属性的框框，在无国界的世界里自由活动。为了让自己能够跟得上各种变化的速度，除了努力提高生产效率外，也应该更重视组织决策的效率，因为这是企业要在新经济中活下去的必备条件。

依旧浸泡在温水中的企业，最后的下场就是离开新经济系统，当然，泡在温水中的经营者也会有同样的结局。以往大多数企业人，都没有什么机会接受逻辑思维的训练，待在一家营业额年年有增长的公司，即使不驱动逻辑思维，只要照着大多数人的方法一起做，就可以胜任一份工作。但是今后的社会，不再是这个样子了。

在新经济的世界里，如果不具备洞悉问题本质的能力、凭一己之力解决问题的能力、构思创意挑战新事业的能力、研究打败对手的企业战略的能力，就会被所属的企业驱离职场。

因此，现在每一个人都必须锻炼自己的逻辑思维能力，才能应对未来的世界。

练习题

假设日本凤凰资本公司（Phoenix Capital）要以五十亿日元的价码，将你挖到三菱汽车担任首席执行官，你会答应吗？

如果你答应了，你会如何再造三菱汽车？

如果一开始就盲目相信报刊杂志的报道，是非常危险的。至少在考虑是否该接受这项工作时，应该先看看三菱的股权结构，要先弄清楚对于首席执行官握有生杀大权的是哪些人。

从股权结构中了解背后实情

看到这个问题，如果一开始就盲目相信报刊杂志的报道，是非常危险的。至少在考虑是否该接受这项工作时，应该先看看三菱的股权结构，要先弄清楚对于首席执行官握有生杀大权的是哪些人。

表 3-1 是三菱汽车公司二〇〇四年三月底时的股权结构。如果能够确定“你可以获得受戴姆勒–克莱斯勒委托的三菱重工、三菱商事的支持”，基本上就没有什么问题。但是这几年，三菱汽车的首席执行官一职换了好几个人，所以，你极有可能在上任之后，因为卷入股东之间的纷争而被不合理地解聘。所以，当你和三菱汽车签约时，一定要记得在合约上写明被迫辞职时，公司得付违约金，这一点是非常重要的。

但是六月份之后，三菱汽车的股东大幅变动。最重要的是

表 3-1　三菱汽车的股权结构（二〇〇四年三月底）

位次	股　　东	持股数（千股）	持股比例（%）
1	戴姆勒-克莱斯勒	499856	33.70
2	三菱重工	219871	14.82
3	三菱商事	77354	5.21
4	资本担保信托公司	61381	4.14
5	戴姆勒-克莱斯勒三菱汽车投资有限公司	48516	3.27
6	三菱信托	45129	3.04
7	东京三菱	43026	2.90
8	日本信托服务银行	25173	1.70
9	日本万事达信托银行	24037	1.62
10	美国大通银行	22944	1.55

资料来源：三菱汽车网页

他们发行了三类优先股，即为日本凤凰资本公司所发行的相当于七百四十亿日元的普通股（表 3-2）。一般人都认为三菱汽车是希望借此筹措五千亿日元的资金，让经营状态稳定下来。

表 3-2　三菱汽车的第三者分配增资概要（亿日元）

出　资　公　司	出资额	出资形态
三菱重工・东京三菱银行等 13 家公司	1660	A 类优先股
东京三菱银行・三菱信托银行	1300	G 类优先股
J・P・摩根银行	1260	B 类优先股
日本凤凰资本公司	740	普通股
合计出资额	4960 亿日元	

注：A 类优先股：作为增强资本的一部分

G 类优先股：可将债权转换成股票的优先股

B 类优先股：可配合股价变动，修正如下表的优先股

资料来源：各大报、三菱汽车网页等

所以增资之后，三菱汽车的股权结构就如表 3-3 所示。排名第一的是名为日本凤凰资本公司的创投公司。这家公司虽然曾经成功重整过经营和服的市田股份有限公司等几家企业，但是并没有经营汽车及大型企业的经验。原本排名第一的戴姆勒-克莱斯勒的持股比例降到 22%，媒体认为戴姆勒-克莱斯勒打算抽手。

表 3-3　三菱汽车股东结构（七月十五日增资之后）

位次	股　　东	持股数（千股）	持股比例（%）
1	日本凤凰资本公司	740000	33.28
2	戴姆勒-克莱斯勒	499856	22.48
3	三菱重工	219817	9.89
4	三菱商事	77354	3.48
5	资本担保信托公司	61381	2.76
6	戴姆勒-克莱斯勒三菱汽车投资有限公司	48516	2.18
7	三菱信托	45129	2.03
8	东京三菱	43026	1.94
9	日本信托服务银行	25173	1.13
10	日本万事达信托银行	24037	1.08

资料来源：三菱汽车网页等

© BBT Research Institute

其实最大的问题是表 3-2 中，为 J · P · 摩根所发行的 B 类优先股的内容。该内容的详细状况如表 3-4 所示。J · P · 摩根所投资的一千二百六十亿日元优先股，可以配合股票时价，在非常有利的条件下，转换成普通股。例如股价是三十日元，J · P · 摩根就可以将一千二百六十亿日元的出资金额转换成四十二亿股的普通股。

表 3-4　J・P・摩根银行所发行的 B 类优先股主要特征

◆ 可配合股价的变动，如下表转换价格
（转换价格最低可降至 30 日元）
转换价格是依据七月十六日之后的“交易额加权平均价格”来决定

试算：	J・P・摩根的出资额		转换价格		可转换之普通股票数
案例①	1260 亿日元	÷	100 日元	=	12.6 亿股
案例②	1260 亿日元	÷	50 日元	=	25.2 亿股
案例③	1260 亿日元	÷	30 日元	=	42.0 亿股

→就算股价跌停，亦可如上表修正，增加可得的普通股数量
◆ 二〇〇四年八至九月，即可申请转换成普通股

© BBT Research Institute

事实上，三菱汽车七月底的股价是九十七日元，其时总价只不过是两千一百五十七亿日元。如果 J・P・摩根以股东身份进行卖空，让股价下跌，最后就可以拥有 65％的股份。如果再和日本凤凰资本公司联手，就等于拥有三菱汽车三分之二的股份，可以完全操控三菱汽车。

东京三菱银行怎么会愚蠢到让三菱汽车的股东结构变成这个样子，真是令人费解。我在七月份的时候，曾在《富士晚报》《SAPIO 杂志》推测：“三菱汽车此举莫非是想借东京三菱银行做迂回融资？”

要在这种动荡不安的股东结构中厉行稳健的经营改革，是

> 但是如果是我，我会在察觉公司股份动向后，尝试接下首席执行官一职。条件即如前述，必须有黄金降落伞及能够参加分红。

非常困难的，因此，依据常理判断，应该拒绝到三菱汽车担任首席执行官。

但是如果是我，我会在察觉公司股份动向后，尝试接下首席执行官一职。条件即如前述，必须有“黄金降落伞”及能够参加分红。所谓“黄金降落伞”是指万一我被开除了，公司必须支付给我一笔具有弹性的遣散费，这是一种美式的做法；而所谓“分红”是指公司的经营有了改善，或者是卖掉公司的卖价比预期还高时，也就是公司赢利的那一部分，我可以分得红利。如果这两个条件谈拢了，我就开始首席执行官的工作。

但是，如果公司的营业额只有前一年的50%时，就说明即使降低成本也没有获利空间。尤其是店面已经努力到了极限，可是仍然只有微薄的利润，可能我刚上任，就得面临店面倒闭或公司经营陷入窘境。

所以如果发现三菱汽车已经没有办法依靠自己重新站起来时，我就必须马上寻找“白衣骑士”。当然这个时候，对金融了如指掌的日本凤凰资本公司、日本摩根也一定会采取行动，因此，设法在这场谈判中取得主导权是非常重要的。不过，问题的核心还是什么公司能成为三菱汽车的“白衣骑士”。戴姆勒–克莱斯勒有临阵退缩之嫌，所以找外国公司或许会比较困难，因此，如果要找国外的买主，我会找韩国的现代汽车或中国的三大汽车公司（第一汽车、东风汽车、上海汽车）试试看。

表 3-5　试算：J·P·摩根银行所拥有的三菱汽车持股比率
（从 B 类优先股转换成普通股之后的持股百分比）

转换价格	案例① 100 日元	案例② 50 日元	案例③ 30 日元
已发行股票总数量	34.8 亿股	47.4 亿股	64.2 亿股

注：三菱汽车增资后已发行的股票总数为 22.2 亿股

© BBT Research Institute

如果是日本的买主，首先我会找丰田。丰田虽然常被舆论界批评，但是这里面还是有许多必须靠反垄断法等才能解决的问题；另外，我还会找日产汽车，如果三菱汽车可以再现戈恩先生改革的成绩，就可以拥有国内5%的市场占有率，排名第二。此外，三菱面临倒闭的店面，如果可以使用日产汽车的经销网络，也有可能将损失降到最低。

总之，在这个阶段，有以上四种可能。我会在比较之后再积极展开交涉，这是身为首席执行官最重要的工作。降低成本及改善经营就紧急度来说，排在第二。在这个阶段千万别被金钱蒙蔽了双眼，在交涉的过程中，一定要不断做比较，设法让对方开出更好的条件。除此之外，还要取得主要股东们的同意。如果能够卖一个好价钱，除了股东之外，自己也有利可图。

你真的读懂新闻了吗？

一般人对这种工作，都会觉得很棘手。但是三菱汽车在这次的增资中，很明显就是让熟悉这个领域的人进入公司体系内成为主要股东。这究竟是三菱集团故意这么做的，还是不小心陷入了这个旋涡之中？现在还没有一个明确的答案。但是，这一切都已经是过去式了。

我在看三菱汽车增资办法时，就已经解读到了三菱隐藏在最近，新闻记者对于复杂的金融动态、三菱东京日联银行、大荣，等等实际状况，都没有深入的报道。所以认为只要看看报纸就能了解一切的想法是非常危险的。

背后的动作。这一点在我这一章中所引用的表格、信息，到处都能看到。但是我们的新闻媒体，没有再进一步对已公开的数据做分析，或者继续追踪三菱背后的动向。

我之所以出这道题目，其实是在试探大家解读新闻报道的能力。最近，新闻记者对于复杂的金融动态、三菱东京日联银行、大荣，等等实际状况，都没有深入的报道。所以认为只要看看报纸就能了解一切的想法是非常危险的。因此，在找出真正的答案之前，我们只有花时间，不断思考真正的动机是什么、有没有验证的方法来锻炼自己的思维能力。

第四章 非线性思维的建议

现今的经济已不同于牛顿的时代，我们要准确无误地做出判断几乎是不可能的。但是，如果以科学的方法思考，则可做到整体控制。

线性思维行不通

科学的方法以及人文的方法

我的逻辑思维方法的根本，就是我自己风格独特的科学方法。

对于经济完全没有概念的我之所以能够胜任麦肯锡的工作，我想这跟我从学生时代开始培养的科学思维能力有关。因为找出原因来解读事实的科学方法，与在麦肯锡的工作性质正好吻合。

《企业参谋》成为畅销书后，有人请我用英文写书，于是我就以《企业参谋》为蓝本，出版了*Mind of the Strategist*。虽然有人认为这本书是我以工程师的观点延伸角度所完成的作品，但是*Mind of the Strategist*与之后所出版的《看不见的新大陆》，都进入《金融时报》经营管理类书籍前五十名排行榜。在这五十部作品中，有两本著作入榜的人只有我跟彼得·德鲁克（Peter Ferdinand Drucker，著有《下一个社会的管理》《管理：使命、责任、实务》等书）两个人而已。也就是说，我以工程师的观点延伸角度以及科学方法所完成的作品，在经营管理类书中获得极高的评价。

那么，什么是科学方法呢？以最简单的方式来说，就是对于任何人所说的任何话，皆不抱着“就是这样”的想法。举个例子来说，如果有人对你说：“天空是蓝色的。”你的反应是：“是啊！原来天空是蓝色的啊！”就是人文学的方法。若你的回答是问“为什么”，企图探求天空为什么是蓝色的理由，这就是科学的方法。

我从学生时代开始，就不轻易赞同别人的观点。并非我自夸，我真的从来没有听从父母、老师或者上司所说的任何事情。因为我的个性，对任何人所说的任何话，我非得问“这是真的吗？这是为什么呢？”才行。我最讨厌的就是，不去探求

我最讨厌的就是，不去探求什么才是真实的就轻易地完全相信别人的话。

什么才是真实的就轻易地完全相信别人的话。

大部分的人都会理所当然地回答："天空是蓝色的。"其实如果在喜马拉雅山的山顶朝天空望去，天空是黑色的。连搭乘飞机时也是如此，乘坐协和超音速客机，所看到的天空就是黑色的。天空是蓝色的，其实只限于对流层内，因为天空原本就不是蓝色的。

如果天空是蓝色的，那必定有其原因。如果想知道原因，而进一步去学习三棱镜以及光的散射原理，就会知道这是因为在光中波长最短的蓝色光经过散射再反射之后进入了我们的眼睛，所以我们看到的天空是蓝色的。询问这是为什么，可以让我们的思维朝着有答案的方向前进。但是，如果只是记住老师告诉我们天空是蓝色的，思维就会停止不前。

所谓线性思维，就是套用公式，就一定会得到正确答案的直线式思维方法。但是，在非线性以及复杂系理论的世界里，只要初期条件有些许不同，结果就会变得无法预测。

复杂的经济时代

所有的事情都一定有它的原因，因此，在现今这个世界，所有的一切就算原因相同，所造成的结果也不尽相同。

在牛顿力学以及线性思维中，相同的原因一定会造成相同的结果，然而，在复杂的理论世界中却并非如此。所谓线性思维，就是套用公式，就一定会得到正确答案的直线式思维方法。但是，在非线性以及复杂系理论的世界里，只要初期条件有些许不同，结果就会变得无法预测。

例如，苹果从树上掉下来时，借用万有引力定律，就可以计算苹果掉下来的速度及落下的方位。

但是，如果是一片树叶从树枝上掉落，万有引力就无法为“会掉在哪里？会以多快的速度落下？”，等等问题导出结论。因为树叶落下时会受到空气阻力的影响，所以只能回答说：

> 在无国界的世界中，经济使全世界紧密相连，因此，一个商人动用巨额资金就能够对世界经济有所影响。

“大概是落在这里吧！”事实上，一阵强风吹来，还是会把树叶吹到很远的地方。因此，树叶的落地速度及落下的位置，和风力的大小、树枝的形状、落下的状态，以及最初落下的速度都有关系，甚至和树叶的形状都有微妙的关联。

现今的世界就是这种状况。在无国界的世界中，经济使全世界紧密相连，因此，一个商人动用巨额资金就能够对世界经济有所影响。也就是说，能够影响经济动向的，不是只有国家政策制定者，连商人也具有这种力量。

因此，金钱的流通并不是任何一个国家可以决定的，数目非常庞大的资金能以极快的速度在全世界流动。凯恩斯经济学认为，在封闭的经济体制下，不但可以决定国内的供需，还可以决定利息、货币供给量。但是这是过去的经济，现在这个时代完全不一样了，如果把凯恩斯经济学比拟成牛顿力学的话，现今的时代就是复杂经济时代。

不过，不论是日本的经济和中国的经济，还是韩国的经济和美国的经济，虽然它们之间的关系都密不可分，但是也并不是完全融合在一起。也就是说，虽然是结合在一起的，维系的方式却不明确。而这个问题比落叶会落在哪里还要复杂。

这个问题中有数百个变量，而且时间的函数随时随地都在变化，所以答案绝对不是唯一的。因此，我们必须在没有正确答案的情况下，去推测经济的动向。

现今的经济已不同于牛顿的时代，我们要准确无误地做出判断几乎是不可能的，但是，如果以科学的方法思考，则可做到整体控制。例如，如果希望叶子朝着某个方向落下，我们可以先计算风扇的输出功率，然后再定点放置风扇，如此一来，就可以让叶子落在我们希望的落点上。

但是，经济学者误解了这一点。举例来说，当他们在考虑汇率问题时，为了抑制日元在国际汇兑中的继续升值，竟然胡说八道说："必须重新认识美国强大的经济基础。"提这种建议，不但无助于经济的改革，也无法影响汇率的变动。

有些经济学家认为："以现今日美的经济状况来看，汇率应该维持在一美元兑一百二十日元左右。"持这种看法的人，仍然是把货币当成了苹果。所以，就连盐川正十郎（原财政大臣）也会说："从购买力平价指数（以外国与本国物价之加权平均价比表示，指数上升表示外国物价上升相对本国为高，有利于提高本国价格竞争力）来看，就算是一美元兑一百六十日元也没问题。”但是以购买力平价来决定汇率已经是一百年以前的事了，可见我们的经济学家及财经阁员的水平也不过如此。

在复杂的世界里，我们可以找到非常多的因素及数字作为证据。如果采用第二章所叙述的金字塔构成法，再用逻辑思维路径做科学分析的话，当你面对“今后经济的动向”“我们的经济何时才能够真正复苏”等问题时，就可以给出比较准确的答案了。

不要完全相信经济学家

政治学家、经济学家皆为线性思维，所以他们无法回答这些问题。他们说：“提高利率会使经济更为低迷！”但是从克林顿时代开始，美国持续提高利率，经济却持续复苏。日本为了抑制通货紧缩而不断提高货币供给量，结果只是导致更多的货币流向美国。

保罗·克鲁格曼是一位通胀目标制（Inflation Targeting）

论者，他说："若货币供给量不断向上攀升，必定会导致通货膨胀。"现在日本就发生了这种现象。按照宏观经济学的理论，保罗·克鲁格曼也认为货币供给量与通货膨胀有因果关系。现实是，我们的政府投入大量的资金，希望能够缓和通货膨胀，但结果是经济完全无法消化这些资金。因此，最重要的其实是去分析为什么经济无法消化所供给的资金，但是保罗·克鲁格曼完全没有思考这个问题。

经济无法消化供给货币的原因，我认为有两点：一、在老龄化社会里，基本需求已经获得满足；二、在IT社会里，由于流通及制造的效率提升、库存减少，金钱马上就被商品所取代。例如，戴尔电脑公司就没有任何库存，他们是在接到订单后的一周内，进行电脑的生产及出货。因此，不管现金流有多大，戴尔电脑公司都不会考虑因为经济可能复苏而增加库存。在老龄化社会里，人们不需要用不着的东西，而在IT社会里，由于高科技的进步，金钱的电子化流通效率提升，人们也不需要再把大笔的金钱搁在身边。

而且，依照金融厅的做法，如果银行没有贷款客户，那么，不管增加多少货币供给量，也只能用于购买国债。在物价上涨的环境下，必须把金钱拿来换成商品，但是今天能够满足

> 就我看来，竹中平藏大臣、保罗·克鲁格曼都不了解现在经济的动向。但是，我是个科学家，我会观察金钱的动向，所以我才会做这样的预测。

人们需求的商品并不多，所以即使身边有钱，不需要的东西就是不需要。因此，金钱虽然在金融商品内循环，却没能被实体经济吸收是理所当然的。

本来所谓钱，是指能够用来交换物品、具有实体形象的货币，所以钱要能够放在身上带着走才有意义。但是在现今这个时代，人们几乎不直接以金钱换取物品，所以，货币的基本交换属性就不太适用了。也就是说，我们不是把钱拿来换成变卖性较高的日本国债，就是拼命购买美元，形同到美国购买国债。所以，不管日本如何提高货币供给量，都不会对实体经济造成任何影响。只有当国债暴跌时，我们才会感觉到我们的钱不翼而飞了。

以前利率低的时候，我们可以把商品以库存的形式保存，等经济好转的时候再拿出来卖，还可以有获利的机会。现在已经没有企业会这么做了，因为就算没有库存，也可应用高科技提升制作效率，必要时可立刻着手生产。

就我看来，竹中平藏大臣、保罗·克鲁格曼都不了解现在经济的动向。但是，我是个科学家，我会观察金钱的动向，所以我才会做这样的预测。

老师告诉我天空是蓝色的，我并没有接受；保罗·克鲁格曼的说法是持续增加货币供给量，物价就会攀升，我也一样没有接受。因为这种情形如同有人告诉我天空是蓝色的一样，我一定会问一大堆的“为什么”。

竹中大臣一样以“这是保罗学者所说的”来进行解说，但是，思考“虽然保罗·克鲁格曼是这么说的，但是真的是这样吗？”才是我工作的开始。

跳出体制

我观察并分析金钱的流通后所得到的结论，和以经济学导出的结论正好完全相反。我的结论是，当国内打算增加货币流通量时，资金会流向国外；反之，如果提高利率，储户为了获得高利，反而会让资金从国外流向国内。例如，在克林顿时代，联邦储备委员会主席格林斯潘把利率提高至6%，全世界的金钱都流向美国。如果美国当时像现在的日本一样，采取不削减国内货币供给量的低利政策，只会让美国的资金流向欧元新经济是一个复杂的世界，我们不可能将其模式化，所以，把过去的经济学稍做调整后所产生的体制、数学公式等都不管用了。

市场。

这就是我在一开头所描述的“新经济”，因此，完全舍弃以往的经济学知识是理所当然的。

以科学的方法来观察资金的流动方向、速度及金融的动向，其实并不困难。事实上，格林斯潘也察觉到了新经济的真面目并且加以巧妙运用，而政府却迟迟没有发现，策略才会变得一直左摇右摆。其实，现在的日本对浪费成癖的美国来说，是一个贡献者，也就是说，日本彻彻底底地陷在资金供应者的角色中。

新经济是一个复杂的世界，我们不可能将其模式化，所以，把过去的经济学稍做调整后所产生的体制、数学公式等都不管用了。

我从来没有说过“我是依据某某学者的论点”这类的话。学习经济学的人常常会说：“我是根据某某学者的论点说明的。”当我听到他们这么说时，我会说：“你脑子里到底在想什么？我要听的是你的论点！”当那个人说自己是根据某某学者的论点的那一瞬间，他已经看不到事实真相了。

把话题从经济学转至经营管理也是相同的，别人最常问我的一句话就是：“你对这家公司有什么想法？你对这个行业有什么看法？”

对于这个问题，我并没有任何先入为主的看法或者前提条件，因为我只相信现金流状况、顾客购买心理等物理现象。随着这些物理现象的累积、证据的累积，所有的问题都一定会有答案。因此，在新经济的世界中，最重要的不是套用过去的常识，而是观察现在所发生的各种事实。

在现实的社会里，某人买了某样东西，都应该有其购买的理由，如果没有任何理由就想买的话，就只有两种可能：一、每家超市都卖这种商品；二、常去的那家店就只卖这种商品。总之，包括这个例子在内，所有的问题都有其原因，能够完全理解其原因，就可以找出可以说明的部分以及无法说明的部分。若发现无法说明的部分，就是一个大好机会了。

因为碰到无法说明的部分，就可以询问这到底是为什么了。从逐步询问中就能够导出从来没有人说过的理论。

> 因此，就读文科的人，也可以借由每天的训练学习逻辑思维，让自己拥有比理工科的人更合理的思维方法。

科学思维不分文科理科

到目前为止，我把我是科学家和逻辑思考做了紧密的结合。为了不让大家产生误解，我想先做个说明，所谓科学的思维，并不是只有读理工科的人才能够学习。其实不管是文学院还是理工学院，大学的普通课程几乎是一样的，学习专业课也只有两年左右的时间。所以，我并不认为这会对逻辑思维能力造成多大的影响。

就算是科学家，也有人只钻研专业知识，而让自己的思维陷入停滞的状态。因此，就读文科的人，也可以借由每天的训练学习逻辑思维，让自己拥有比理工科的人更合理的思维方法。总之，只要努力就一定学得会。

但是随便一句“我怎么学得会”会把自己永远封闭在象牙塔中。所以，如果你读的是文科，只要想着可以拥有不输给理工科的思维方法就行了。因为许多经营上的工作，只要会基本的加减乘除就足够了。换句话说，在实际的经营中，必须使用复杂计算的机会实在是少之又少。

事实上，世界上的许多人都是因为一些微小的契机，才选择了理工科或者文科。有人是因为高中数学老师的教学方式不好，因为讨厌数学才会选择文科。反之，有人是因为高中数学老师很有趣，所以才选择理科。我们现在升学的方式，真的无法让考生了解自己最擅长的是哪一部分。

我就读高中的时候，正是肯尼迪总统提出“登月计划”的时代，导致就读理科的人总是特别受到女生青睐——就算不是特别青睐，也会有就读理科好帅气这样的感觉。以我的母校来说，成绩排名前五十名的同学，就有四十名选择就读理工科。

我自己在读高中的时候，因为所有科目都是名列前茅，所以文科、理工科对我来说，并没有什么区别。大学联考时，我报考的是东京大学文科第一类组（法学部）的考试。初试时成绩卓越，本以为应该没问题，复试时却因为睡过头而落榜了。结果，只好把这次的考试当成是正式比赛前的练习，决定就读朋友所申请的早稻田大学理工学部。理由很简单：与其重考一年，不如选择升学。而且我从高中时代就对单簧管十分热衷，所以就想先进大学玩玩管弦乐，当时我完全没想到未来的出路或者学术研究，等等问题。现在想起来，真的觉得当时自己实在是太随意了。

但是，进入大学之后，不管是不是和理工学院的课程有关，只要和科学扯得上关系的学科，我都学得非常投入。当时，我大量阅读由岩波书店所发行的科学系列新书，所以能更有系统地了解包括素粒子论等在内的科学世界。我想我应该比一般的理工科学生学到了更多认识宇宙万物的原理吧。

之后，我因为想到日本能源的问题，而转向研究核能。但是，九年后担任日立的技师时，当我知道在日本使用核能会被居民丢石头后，我失去了继续工作的动力，决定辞职让一切归零。我进入麦肯锡之后，之前设计核反应堆的技术、科学的知识全都派不上用场，逻辑思维能力却非常有用。

同时处理并行输入的复杂数据

理工科与文科，对我来说没什么区别，音乐却影响了我的人生和思维方法。我初中参加了合唱团，高中进入军乐队，大学时参加管弦乐团，大学毕业之后仍继续玩音乐。我认为音乐对于我的创意，等等都有着极大的影响。

常常有人说音乐可以训练右脑。但是，当我们进行和声或合奏时，必须顾及别人的气息，也就是我们可以通过同时听到的节奏、速度，还有复杂的音符，刺激脑部平常不太用得到的地方。

例如，当双簧管正在吹奏某个部分时，中提琴也会配合演奏同样的旋律，对管弦乐团的团员来说，同时处理并行输入的复杂数据是理所当然的，这对我的思维模式的确有很大帮助，然而一般人并没有这种训练头脑的习惯。

当我在管弦乐团中演奏时，常常会发现“啊！我听不到这个音符”“啊！这个音符好像走调了”。最奇妙的是，当我在制订经营计划时，也常常会发现没有提出这个部分的信息，似乎发生了什么怪异的现象。我认为我能够有这样的直觉，是通过音乐培养的。

这样的能力并不是非通过音乐培养不可，我只是刚好喜欢音乐。基本上，只要依据个人所喜好的模式来培养就可以了。例如，喜欢棒球的人，可以用棒球来训练，不要只待在家里看电视转播，要到球场去看现场比赛。你会看到当垒上有跑垒员，而击球者又适时击出内野滚地球时，防守的一队每个球员都聚精会神努力维持复杂的整体平衡。足球也是一样的，实力强大的球队不仅拥有优秀的防守队员，球队整体的律动更像是一只活生生的动物。在球赛进行时，每位球员必须掌握比赛的节奏，这点和管弦乐队非常类似。又如钓鱼，这虽然是一个人的活动，但是为了要找出哪个地方才可以钓得到鱼，还是必须具备观察的能力。此外，钓鱼也可以磨炼掌握时机的能力。

为没有答案的问题寻找答案

填鸭式教育的弊端

二〇〇四年一月，第一百三十届芥川奖公布得奖名单，有两位年轻的女性获得了芥川奖。其中一位是以《裂舌》得奖的金原瞳（一九八三年生，父亲金原瑞人是儿童文学作家、法政大学教授）。看到金原瞳，让我想到了她的父亲，听说这部得奖作品就是这位父亲将不去上学、也不待在家里的女儿的文章，不断加以润色才完成的。这部作品可以

> 不上学的人反而在社会上成功了，因为学校教育完全跟不上现实价值观的改变。学校就用这套落后的价值观，为国家教育一批批对二十一世纪最不适用的学生。

获奖，虽然是完美的结果，但是仔细想想，我不禁产生疑惑："学校到底扮演了什么样的角色？"

所有家长都会对自己的孩子说："要好好听老师的话！""功课做好了没？""明天还要上课，早点上床休息吧！"但是从结果看来，不上学的人反而在社会上成功了，因为学校教育完全跟不上现实价值观的改变。学校就用这套落后的价值观，为国家教育一批批对二十一世纪最不适用的学生。

例如，《新式企业》《卡拉 OK 资本主义》这两本全球畅销书介绍了许多成长企业召开企划会议的情形。通过作者所描述的各个年龄层、服装、人种，等等，我们似乎看到了旧价值观下底层社会的人物。但是，现今的世界真的越来越有那种感觉了。

《裂舌》是金原瞳以自己狭隘的体验所写成的小说，之后她的创作视野是否变得更宽广了，我并不清楚。但是《裂舌》的文章结构，的确非常扎实，有起承转合，有剧情，叙事方法酷似电影剧本，内容虽然让人觉得不太舒服，但是以小说的结总之，现在的时代最需要的不是填鸭式教育，也不是在有答案的情况下受教育，而是让孩子学习去问为什么。

构来说，是非常了不起的。这部作品得到芥川奖，确实是实至名归。

从某种意义上来说，金原瞳活像是现代的象征。我的意思是说："现在在学校越认真学习的孩子，越容易与时代脱节。"进入一个没有答案的复杂时代，由于前提不同，就算学习凯恩斯的经济学也是没有用的。总之，现在的时代最需要的不是填鸭式教育，也不是在有答案的情况下受教育，而是让孩子学习去问为什么。

思考使获利产生千倍差距

二〇〇三年，投资阿根廷股票的人，因股票大涨97%而大赚了一笔。但是，学过经济学的人大部分都因为二〇〇二年比索暴跌，担心阿根廷的经济混乱而没有投资。

一九〇〇年左右，阿根廷人均国民生产总值虽为世界第一，但是之后就一直处于衰退状态。一九八七年上任的梅南总统提出“梅南计划”，克服了通货膨胀的压力，人均国民生产总值急速上升，梅南也因此被称为“南美的优等生”。一九九一年阿根廷更与巴西、乌拉圭、巴拉圭组成南美南部共同市场（MERCOSUR），让它拥有类似美元经济圈的强势，使经济持续增长。

梅南总统在一九九八年十二月访日时宣布，南美南部共同市场、北美自由贸易协定（NAFTA）、欧洲联盟（EU）已经达成协议，到二〇〇五年将创设共同自由贸易圈。这件事如果实现的话，一个环大西洋的超巨大经济圈即将诞生。

但是刚迈入二〇〇一年，阿根廷就因为政治动乱、外汇市场震荡，造成阿根廷比索暴跌。原因是墨西哥在一九九四年、东亚在一九九七年、俄罗斯在一九九八年、巴西在一九九九年相继发生了金融危机。二〇〇一年，这个在各处肆虐的“超级台风”席卷阿根廷，以“赚取差额利润”之名在阿根廷登陆，让阿根廷成了下一个金融危机的屠宰场。

大量的资金越过国境，如惊涛骇浪似的进入了阿根廷后又迅速退潮，造成阿根廷比索的暴跌，当然也吞没了不知如何处理大量资金的阿根廷经济。

学校的功能应该是培养孩子们养成动脑思考的习惯，让孩子对于无解的问题设法提出假设，并不厌其烦地努力证明自己的假设是正确的。

但是，台风（低气压）过后高气压会跟着进入，大混乱之后，恢复期也同样会跟着到来。以投资的形式大举购买暴跌的阿根廷比索，结果当然会造成股价急速攀升。

所以，只要仔细想想阿根廷比索为什么会暴跌，就知道这个时候可以靠阿根廷股票赚钱了。换句话说，可以获利的人，跟无法获利的人，最大的差别就是有没有思考“为什么”的能力。懂得思考“为什么”的人，当然就可以比那些将钱存在利息只有0.1%的银行的人多赚将近千倍的利润了。

现在的学校是破坏人脑的“凶器”

几乎所有的人到现在还是以牛顿力学来思考世界上所有的事情。但是经济这种东西可不是苹果，它早已进入像叶子不知会掉落何处的复杂体系中，几乎所有的问题都没有答案。

在这种情况下，学校的功能应该是培养孩子们养成动脑思考的习惯，让孩子对于无解的问题设法提出假设，并不厌其烦地努力证明自己的假设是正确的。如果孩子们都拥有这样的能力，那真是太好了。因为拥有这种能力的人，有机会以高达97%的年利率赚钱，而以牛顿力学思考的人，却只懂得拼命向年利率只有0.1%的定期存款挤。

但是，现在的学校成了扼杀人类大脑创造性的凶器。社会早已迈入了新的时代，学校却依旧灌输给孩子们没有用的旧时代价值观，一味破坏孩子大脑的思考能力。

学校只教孩子们可以轻松解答的知识。背诵乘法表、学写汉字，都是偏重记忆的教育，并没有让孩子学会思考。这种教育只能训练出记忆型、吸收型的头脑，却扼杀了自由思考的头脑、构思新创意的头脑。家长以父母的权威对孩子说要听老师所说的话，其实形同帮凶。

甚至在孩子进入社会之后，家长还对孩子说："进公司要听资深同事的话！"而老员工一开口也是："在我们公司要如何如何……"公司好不容易找来尚未中组织之毒的新员工，这些老员工却迫不及待教他们"八股"的做事方法，扼杀新员工的创意。所以我才会说："应该由新员工来教育老员工比较好。"我这么说，可全都是为了公司的远景着想。

忠于想做的事情

原本我就很讨厌“先生”这两个字，为什么先生下来，就有教导别人的权利？后来出生的人洞察力也可能更为敏锐。

金原瞳在接受媒体采访时谈到了她中途退学的理由，她说：“我找不到去上学的理由。”这个理由真的非常好。

我有两个儿子，老二也告诉我没有去上学的理由，于是中途退学。我这个儿子没有写小说，而是编电脑程序，现在也有相当不错的成绩。

我认为，与其让就读初中的孩子在学校被扼杀大脑的创造力，还不如让他尽情地做自己想做的事情，其实这已经是时代的趋势了。

虽然我本身是从初中、高中、大学，一路按部就班地读上去，但是我就是只做我想做的事情。不管别人怎么说，只要是我想做的，我都会去做，我不会让父母、老师有插手的余地。

到现在我还是这个样子。所以碰到高中同学，他们常说：“像你这种真空培养的生物，还真是少见。从高中毕业到现在几十年了，你还是一点都没变。”“真空培养”这四个字给人的

> 在这种情形下，这些忠于自己、能够找出属于自己的答案的人，其生命力比起已经习惯别人给出答案的人，一定更为强韧。

印象或许并不好，不过它主要的意思是说，不被旧的价值观侵蚀。换句话说，我这个人绝不会因为大家都这样就去做某事，也绝不会去迎合自己不能接受的事。

但是，要在这世上以这种方式生存的确很辛苦。不听父母的话、不听老师的话、进入社会也不听上司的话，结果虽然做到了真空培养，但也让我比别人付出了更多的努力。在学校能拿到九十分的成绩是比较放心，但是忠于自己想做的事情，跟在学校拿九十分的成绩是没有关系的。因为要做到自己都能够认同，必须克服无数难题，所以在这一条路上，不允许有任何妥协与骄纵。

我的儿子从初中时就自学计算机C语言，然后开始编程序，他的高等数学和建筑学的原理原则，也全都是他自己自修学来的。这和有没有上学、有没有参加考试完全无关，因为这些都是他自己想学的东西，所以他才能全数吸收。

在现在的世界里，像金原瞳和我儿子的这种生活方式，究竟有没有未来？我觉得与其探讨未来，不如说他们好像都具有生存能力。世界上有许多问题本来就没有答案，就算是上司，也有无法回答问题的时候。在这种情形下，这些忠于自己、能够找出属于自己的答案的人，其生命力比起已经习惯别人给出答案的人，一定更为强韧。

“学院智者”下，“街头智者”上

现在，在饮食业界业绩超强的，并不是高级料理店，而是能够巧妙呈现高档感觉的店，也就是被称为“西麻布系列”的餐厅。这些店有点奢华，不走连锁店的风格，每家店都有匠心独具的高格调气氛。

走进这种店，店员不会说“欢迎光临”，他们也没有工作手册。美式的标准化连锁公司都有工作手册，例如麦当劳，不论到哪家麦当劳，店员的问候语都一样。但是在“西麻布系列”的餐厅，听到的问候语却是“下雨天真是不方便”或者“天气不会再冷了吧”。因为这些店员所接受的教育是看着客人的脸想问候语。这种指导思想才是正确的。

这种餐厅的店长，大多只有二十七八岁，非常年轻，而他

> 当今世界是一个没有答案、不需要工作手册的世界，敏锐的人已经开始朝着这个方向努力了。

们工作的内容以及担负的责任，却是同龄的上班族无法相比的。二十岁的店员，会把二十七岁的店长当成自己的学习目标，而这些店长在二十五岁的时候，就已经会写企划书、做资产负债表、制订事业计划、分析商店地段。有不少公司标榜"只要能够在二十五岁之前提出事业计划书，就由公司出资，让你开店"。

换句话说，普通上班族必须花二十五年才能当上主管，也就是到五十岁才能学到的东西，他们在短短的五年内就会了。

相对于学校的优等生"学院智者"而言，像他们这种在工作现场通过实践学习工作技巧而取得成功的人，我们称为"街头智者"。松下幸之助就是一位依靠自己了解经营之道的街头智者。这种街头智者，现在在日本已经开始崭露锋芒了，现在十分活跃的影音创作者几乎没有一位是大学毕业生。

当今世界是一个没有答案、不需要工作手册的世界，敏锐的人已经开始朝着这个方向努力了。被旧有的价值观束缚的人和能够创造新价值观的人，将有明显的区别。

到学校上学的学院智者，仍然在追求答案。就算告诉他们没有答案，他们还是会问答案是什么。不只优等生如此，所有在学校就读的孩子都如此。

例如电玩，本来玩游戏，就是要享受随游戏的展开所带来的不安和兴奋，结果有的人却偏偏跑去买攻略来破解游戏。这些人无法一边享受游戏，一边编造属于自己的攻略，这种人等于从一开始就放弃了，他们不但死记攻略本上的技巧，如果后面有答案，他们也会先看答案。

这种人进入社会后一点用都没有，因为如果不给答案，他就什么都不会，碰到没有答案的状况，更会产生恐慌。

北欧强大的秘密

瑞典、挪威、丹麦、芬兰等北欧国家虽然人口稀少，人均国民生产总值却排名世界前列。到这些国家的学校走一趟，相信你就会明白，这些国家如此强大不是没有道理的。首先，这些国家禁用“teach”（教）一词。因为教是以有答案为前提，这些国家用的是“learn”（学习）。

到了丹麦，丹麦人说：“当全班二十五个人都有不一样的答案时，才是最棒的。”他们的基本教育方针是让孩子学习思考。所以教科书上写着：“学校没有教答案的权利，支持孩子思考的权利才是学校的功能。”

到了芬兰，你会发现连小学都有培养企业家的课程。他们教育孩子，像芬兰这么小的国家，必须成立能够走向国际化的企业，只有这样，才能走向世界，活跃在世界的舞台。老师会在课堂上让班上所有学生提出事业计划，大家一起进行模拟。

当然，要这么小的小朋友提出真正的事业计划是不可能的。老师会说：“水果店要怎么经营才会有利润呢？大家一起去参观水果店吧！”然后老师会带着全班同学前往实际现场，让水果店老板当老师，为同学讲解，再让同学思考自己做生意的方法，制作模拟店，试着看看自己能赚多少钱。当然，这样的课程是没有正确答案的，但是可以让孩子们从小培养经商的意识。

瑞典、挪威、丹麦、芬兰这四个国家的国际竞争力现在都遥遥领先于日本，跻身世界十大强国。姑且不论这些国家是否已经迈入老龄化社会，或者二十世纪八十年代曾经没落到被冠

> 北欧的学生通过这种学校教育，了解当今世界复杂的体系，更清楚自己应该怎么做才能崭露头角。

以“纵欲”“没有价格竞争力的高福利国家”，但是它们复苏的能力真是令人啧啧称奇。是什么力量让这些国家能够复活？秘密就在于教育制度。北欧诸国进行教育改革，并非行之已久，而是在一九九二年北欧爆发金融危机之后才开始进行的，短短十年就取得了这么好的成果。

这种教育方法其实和训练运动选手、音乐人才非常类似，让拥有优异才能的孩子接受英才教育，慢慢发挥潜能。

日本的学生在小学就有英语课，但事实上不是教英语，而是用英语来教学，例如用英语学数学、物理、化学，所以英语变成了使用工具。像日本这样教英语，难怪学生一考完试，当天就忘了。日本人最天才的地方就是因为太重视考试，以至于考试结束后，隔了一天就把看过的内容忘得一干二净。上学就是磨炼这种能力，所以不管学生怎么拼命用功，他在学校学的东西几乎都记不住。

北欧各国却是教导孩子“如何使用”，所以他们的英语能麦肯锡重视的是如何才能导出结论，而不是有没有知识。

力是世界顶级的。北欧的学生通过这种学校教育，了解当今世界复杂的体系，更清楚自己应该怎么做才能崭露头角。就算没有答案，也会自己提出假设，反复求证，直到找出答案。不管碰到任何困难，都勇于接受挑战，坚持到底，这才是教育最基本的原则。

但是，不知道答案而陷入恐慌，是日本教育的写照。

应该考的是思维方式而不是知识

在日本，进入高中、大学要参加考试，进入公司也要参加考试。但事实上，这种考试只能用来测试知识，不能用来判断考试者是否能够胜任工作。

麦肯锡公司在二十几年前就开发了“不测试知识，而测试思维方式”的考试制度。考试的内容是：在考试者面前展示某项证据，然后询问：“你从这个证据当中，得到什么样的结论?”“只有这些证据，没办法得到结论吗?”这种考试可以清楚区分出两种人：一种是没有足够证据就无法得到结论的人，另外一种则是只有一小部分证据却可以得到结论的人。也就是说，麦肯锡重视的是如何才能导出结论，而不是有没有知识。因为懂得思维方法的人，能够胜任经营管理顾问工作的可能性较高，所以重要的是基本的思维路径，而不是知识。我自己在麦肯锡时也开发了许多面试问题，接下来这个问题就是其中之一，我希望你能够马上回答。

练习题

公司突然派你从明天开始到坦桑尼亚出差半年，能够携带的行李只有一个背包，你会在背包里面装入什么东西?

解说

实际上是因为有客户想在坦桑尼亚进行铁路工程，所以委托我们调查实施的可能性。调查小组有三位成员，一位来自伦敦，一位来自纽约，另外一个就是你，三个人所携带的行李都只有一个背包。所以才会请你说说看，你会在背包里放入什么东西，这个问题没有正确答案，因为这个题目测的是思维方式，而非知识。

通常在学校成绩优异的面试者，大多数在听到这个问题时都会陷入恐慌，开口就先问：“坦桑尼亚在哪里?”连这个都不知道的话，当然就不会知道背包里应该放入什么了。

先说前提，再说对策

进入麦肯锡之后能够胜任工作的人，通常在被问的那一瞬间会回答："抱歉，我并不清楚坦桑尼亚在哪里。但是如果我以这是非洲一个炎热的地方为前提来回答这个问题的话……"他们会把问题的前提先做个明确的假设。

这类人不会像学校优等生那样一下子就陷入恐慌。因为这种回答方式，就算后来才知道自己所设的前提是错误的，还可以改变前提再回答。接着，面试者就可以从炎热的前提，联想到未开发之地、高温潮湿、许多病原体，等等，再设定自己所需要的物品。

而完全没有进入考试状况的人，满脑子想的都是平常自己习惯用的东西，所以一开口就胡乱回答："字典、水桶、面包、米……"然后不断重复相同的东西，甚至说只要有钱，在当地什么东西都可以买得到。

有的人还说："装那么多东西的话会太重，而且这些东西当中大概有一半可以到了当地再买。"说完后就无法再继续回答了。但是能够答得不错的人会说："如果前提是能够带钱的

> 具备“有前提就有结论”的思维模式的人，任何时候都不会陷入恐慌。

话，在当地可以买得到的东西，我会暂时不带。”然后开始说明自己假设的环境条件。

因此，就算并不清楚坦桑尼亚的位置，却能够以假设前提进行回答的人，在主考官告知坦桑尼亚在北极圈附近之后，可以立刻改变回答内容说：“那么，我会这么准备……”事实上前提的正确与否，只要有地图，马上就可以知道。这道考题其实考的不是坦桑尼亚的地理知识。如果主考官更进一步改变前提，并询问：“如果这个地方是位于欧洲腹地的小国，你会怎么回答？”那就能更清楚面试者的思维模式。

麦肯锡的案例，几乎全都是像“明天去坦桑尼亚出差”之类的案子，因为如果是自己就能轻易解决的问题，就不需要花大价钱委托外面的经营管理咨询师了。

具备“有前提就有结论”的思维模式的人，任何时候都不会陷入恐慌。因为就算前提有变，还是能导出不一样的结论，这种人不仅能够胜任麦肯锡的工作，相信其他工作也一样能够胜任。

我会录用这类人，因为我认为拥有这种思维模式的人，应该不会有什么大问题。虽然如此，能够胜任麦肯锡工作的人，还是只有两成左右——因为麦肯锡公司是一家非常严格的公司。

当然，我绝不会问类似“自民党政权已持续几年”“举出五位历代首相的名字”的问题，因为这种问题只要上网搜索就有答案，根本不值一问。总之，我要知道的是，当有不熟悉的案子找上门时，你会采取什么样的思维路径，这一点才是最重要的。

“储备智慧”的方法

训练自己常常保持好奇心也是非常重要的，一个拥有好奇心的人，不只是思考别人所给予的题目，而且会获得更多报纸、网络所无法提供的有趣信息。

例如，我到加拿大的滑雪场，一位滑雪教练告诉我，就算是超一流的教练，年收入也只有两百万日元左右。虽然冬天的时候滑雪教练很受欢迎，但是，在滑雪淡季时，滑雪教练就会因为没有工作而陷入经济困境。因此，在滑雪淡季打工当货车送货员的滑雪教练比比皆是。

我问他："不下雪的时候，你都做什么？"他回答："送货到北极圈的大熊湖（Great Bear）。"三十辆左右的货车在冰上行走，浩浩荡荡，看起来就像是一支登山队伍。这里时常会发生货车从冰块缝隙中掉到海里的事件，不过，货车驾驶员穿着充气的救生衣，即使泡在水里也不会觉得冷，所以送货时绝不能只身前往，这样发生意外时，才会有其他人可以救你。

"那掉入海里的货怎么办？"我又提出了问题。他说，冬天过去，打捞船队会来进行打捞作业。因为货物是用防水材料包装的，所以货物并不会因掉入湖里而损毁。

听了滑雪教练的话，我才知道原来加拿大还有这样的工作。另外，我也会利用现场访谈，或和别人接触的机会增长见识，即使对象是在电车中并肩而坐的人也无妨，偶尔和出租车司机打打交道也可以。因为这种好奇心都可以转化成思考的养分。

我不打算去加拿大冰原，也没有去加拿大长住的计划，所以可能有人会认为获得用不到的知识没什么用。但是人类在极限状况下，到底会做什么判断？会做什么努力？可以通过这种一问一答的方式，让自己动脑思考：如果是自己碰到突发状况该怎么办？所谓思考，不外乎就是替自己储备智慧。

> 逻辑思维的能力跟演奏乐器的能力一样，只要经过训练，任何人都可以具备。

平时懒于思考、一有时间就睡大觉的人，在二十一世纪的复杂世界里，属于落后的一群。所以在未来，不管是对自己的人生，还是对时代背景，如果没有相当正确的认识，要生存下去是非常困难的。

经过 IT 革命、互联网革命、无国界革命，经济运行的根本原则、企业成功的基本条件已经完全改变了。眼前这些成功的企业和成功的人士，是靠二十年前、三十年前的经营模式成功的，而现在成功的方程式已经不一样了。为了能够适应这些新的方程式，我们必须开始训练自己的脑力，开发新的思维路径。

几乎所有企业人都必须从头开始做思维训练。因为新的方程式无人体验过。话虽如此，大家不需要担心，因为现在开始还为时不晚。逻辑思维的能力跟演奏乐器的能力一样，只要经过训练，任何人都可以具备。就像有人到了中年才开始学钢琴，经过一段时间的练习，就可以达到一定的程度。虽然有弹得好跟弹不好的差别，但是不论是谁，只要练习就一定能弹。至于能不能靠演奏赚到钱，则是另外一回事。要学会逻辑思维，也必须练习。

加山雄三先生（创作型歌手、演员）六十岁才开始拿画笔。现在他的画售价完全不逊于专业画家，我去看过好几次他的个人画展。到了六十岁还能够发掘自己的绘画能力，真是太了不起了。

自我投资，很简单

最伤脑筋的就是做什么事情都半途而废的人。例如，会一点钢琴、会一点小提琴、会一点吉他，可就是没有办法在别人面前弹奏，又如对高尔夫、麻将、钓鱼都仅止于喜欢把玩的程度。这种人最糟糕了，常常半途而废。

举例来说，我所设立的企业经营管理学校有发现问题本质以及解决问题的课程。这两种课程一年的课时为一百个小时，但是还是有人说“太忙了，我做不到”。我告诉学生，如果真的没办法，分两年上也可以。如果连一百个小时都腾不出来，这样的人做任何事情都不会成功。

> 总是说自己很忙、没时间的人，其实浪费了太多时间。

这种人，如果你问他："一年花几小时观看电视棒球转播?""花几小时打高尔夫？花几小时看电视?"这些时间加起来，大概有三百个小时。如果接着问："假如你一年都在观看棒球比赛，那么，请问你在棒球技术上进步了多少?"答案一定是"没有"。既然如此，就不应该把这一年的时间用来看棒球赛，而应该去做一些可以让自己生存下去的投资。总是说自己很忙、没时间的人，其实浪费了太多时间。

只要能够彻底进行找出对策的训练，你能从你所服务的客户公司那里获得好评，如果是自己创业，也会立竿见影马上看到成效。而你所损失的只是和朋友到酒馆抱怨上司、看棒球比赛、看相扑比赛、星期天赖在床上看电视转播高尔夫球赛的时间罢了。

生活简单，才能思考

应该思考的事情，我会彻底思考，对于不太需要思考的事情，我则尽量减少思考的时间，而且绝不没事自寻烦恼。所以我的生活非常简单。

例如，我的脚指甲因为内弯而陷在肉里，如果不定期修剪，脚就会痛，每三个星期，我一定会去一趟美甲沙龙，时间是星期天上午十点。所以星期天不管去什么地方，我都安排在下午四点。于是我事先预约了一年的美甲沙龙，有人听到一定会惊讶地大叫："居然有人预约一年的美甲沙龙！"但我就是如此，把能规律化的事情和不能规律化的事情区分得清清楚楚。

连鞋子也是这样，不清楚的人或许会认为我一直都穿同一双鞋子，事实上我有四双同样款式的鞋子。因为这种款式的鞋子不会压迫到我弯曲的脚指甲，穿起来很舒服，走起路来很舒服，穿一整天都不会觉得累，还很耐穿。这款鞋的鞋底是橡胶制的，能防水。此外，它还有防滑垫，在雪地上走也不必担心会滑倒，这种鞋最适合陪我去世界旅行。

这是耐克的鞋子。耐克更换新款的速度非常快，而我试穿后觉得很喜欢，于是就一次买了四双。接下来的四五年，即使不买鞋子也没有关系，更不需要花时间烦恼鞋子怎么办、在这家店买好还是到那家店买，当然也不需要每天早上出门前伤脑筋决定要穿哪一双鞋。尤其是像我这种脚指甲内弯的人，对鞋

> 把需要思考的事情集中思考，不需要思考的事情就不要想，这就是我的生活模式。这种生活模式让我有喘息的空间。

子非常敏感，可以在五年内都不需要再为穿鞋子伤脑筋，真是太好了。

生活中，只要是可以固定化的事情，我一律固定化。

衬衫也是如此，我有六十三件款式相同、颜色不同的衬衫，每件衬衫固定配一条领带，所以我也不需要去思考今天的衬衫要搭配哪条领带。这些衬衫都是在中国定做的，所以只要是能想到的颜色和布料，我一口气全都做了，一件才四千日元，相当便宜。

我会在中国定做衬衫，原因是我认为在中国应该可以以优衣库（UNIGOL）的价格批量定做衬衫，所以我量身定做了很多。如果有日本企业在中国大陆设立公司，就可以在中国进行各种商品的生产，不论是衬衫、家具、窗帘都可以考虑，然后再以日本销售的价格，对日本的市场进行定制化供货。我的衬衫就是最佳样本。

把需要思考的事情集中思考，不需要思考的事情就不要想，这就是我的生活模式。这种生活模式让我有喘息的空间。

但是有许多人是该想的不想，不该想的一直烦恼，白白浪费训练逻辑思维的时间，更浪费了自己宝贵的人生。

练习题

拿出去年的记事本，试着分析时间。

除了睡觉和吃饭，统计一下你花了多少时间在交通和工作上。然后想想："计划表上空闲的时间，占了多少醒着的时间？""在这些空闲的时间里，我做了什么？""在接下来的一年里，我还会用同样的方法，利用我的时间吗？"

为自己预算下一年的时间要怎么分配，并模拟自我投资计划。

试着在大脑里描绘一年后自己的模样。

第五章 让构想大量涌现

从未来的角度来看，构想并非突如其来，而是过去的延伸或今日的延伸。因此，一定有预兆。我从预兆的阶段就开始观察在特定阶段运作的各种情况，清楚判断其结果会是如何，我就渐渐养成了这样思考的癖好。

产生新构想的思维逻辑

“新构想”并非突如其来的念头

或许有些人会认为，新的构想是借由天才般突如其来的灵感所产生，但对我而言，构想是通过不断地对自己提出质疑，然后找出解决问题的方法而产生的。并且要持续不断地在头脑里组织东西，不断加强解决问题的逻辑思维能力，就可以练就不论看到任何事物或现象，都能找到解析方案的本事。

我常常被问到：“大前先生，为什么你可以不构想是通过不断地对自己提出质疑，然后找出解决问题的方法而产生的。

断地提出新的构想呢？”其实，我在思考某种现象的时候，通常并非是要特意去发表什么新观点。

例如，我于二〇〇二年三月出版过一本著作《中国的影响》（*China Impact*）。这是一本从来都没有人想到过的、以“中国形成区域性国家”的构想来描述中国真正的面貌，而后预言中国在商业发展上将对全球产生极大影响的书。我们就以此作为例子来看看，当初这个构想是如何产生的。

《中国的影响》这本书出版时，绝大多数理论都是偏向于“中国威胁论”。这种理论认为，一旦中国经济增长，竞争力增强之后，日本由于在成本上无法与之竞争，在经济上一定会遭受打击。为了取得较低廉的劳动力，某些日本企业将会把重心移转到中国大陆，如此一来，日本的产业将空洞化，竞争力低下。日本社会充斥着这样的理论，甚至出现“日本即将崩溃”的书籍，认定中国的经济发展将给日本带来冲击。

《中国的影响》这本书指出，中国将转变成区域性国家，并且提到中国不具威胁性，日本企业真正的劲敌，其实是可以将中国现状与自身优势成功整合的企业等论调。之前，日本的观点多偏向于“中国顾客论”，在出书时几乎所有人都站在“中国顾客论”这个论点上，但是《中国的影响》这本书颠覆了人们对于中国的认识，而带给日本人相当大的震撼。

《中国的影响》使人们对于中国的认识有了一百八十度的转变，现在就如同我之前所说的一样，日本企业成功的关键在于如何将中国融合进自己的事业中，而人们也逐渐对此论点有所认同。

这一两年日本经济回升，其中很重要的原因就是中国的影响。日本在中国的设备投资正以庞大的规模进行，材料、基础零件及机械等正销售至中国。之前歇斯底里地谈论“中国威胁论”的那些人，现在似乎都销声匿迹了。

抱持疑问就是解决问题的源头

不用说，我并非中国问题专家，既然不是，为什么能够写出《中国的影响》这样的书呢？

《中国的影响》被翻译成中文，很多中国人读过这本书后反而问我："现在的中国，真的是如此吗？"后来中国的中央电视台制作了关于我的节目，长达一小时，他们询问，为什么连他们都不知道的中国相关问题而我却可以知道。中国人在读过我的书后才初次感受到原来这些是中国得以高速成长的原因啊。

就连当事人都无法了解，为什么我可以知道呢？事实上，对于这个问题，我也没有办法给出明确的答案，只是我看到了这样的发展趋势。

我对于任何事情都抱持着深度的怀疑态度，不会轻易相信学者或者自称非常了解中国的那些人说的话。当了解中国的那些学者提出中国是个怎样的国家时，大部分日本人在心里都会觉得，既然是大学者所说的话，绝对不会有错。但就我来说，即使是那些著名的"中国通"所说的话，我也没有照单全收的习惯。

从某种意义上来说，我是属于探险家、研究者这一类人。我造访过六十个国家，目睹过五花八门的事物，一路观察至今，然后沿着历史的时间轴和地理的空间轴来进行思考。

按照这种思维方式，我推论出：中国如果要有所发展，就一定要发展成之前我所提过的区域性国家，这样才是可行的。

若一直处于中央集权的方式之下，中国在今后一百年内还是会处于落后状态。

这样抱持疑问的思维逻辑，就是产生新构想的源头。

若一直处于中央集权的方式之下，中国在今后一百年内还是会处于落后状态。

这样抱持疑问的思维逻辑，就是产生新构想的源头。

由假设和验证产生“中国区域性国家论”

我不止一次前往中国考察，并且“中国区域性国家论”的证据也陆续出炉。例如某地方市长用很平常随意的态度告诉我：“大前先生，请你在这个地方，用你的方法自由改造。”换做是日本的市长，绝对没有说出这种话的权力，这就代表着中国地方自治权力的确立，同时也是中国成为区域性国家的证据。

另外我还收到某大学的高层人员的邀请，希望我在这所大学成立“大前研一经管学院”。如此的自由程度是不是日本大学高层人员所拥有的呢？看到如此的现象，我们可以说，中国反而比日本更加开放，可以大胆改革。

中国要有所发展，就必须成为区域性国家不可，美国就是类似的例子。成立这样的假设，根据这个结构实地走访中国，用自己的眼睛去证实，而隐藏在其中的证据也一一浮现，不论走到哪里，这个假设都可以得到验证。

除了我，没有任何人想到"中国区域性国家论"的构想，而这个构想也并非突然出现。首先设立假设，然后经常思考"说不定会变成如此""有没有和这种模式相类似的国家""在历史上适用于哪个部分"，等等问题，在观察的过程中产生结论。

从未来的角度来看，构想并非突如其来，而是过去的延伸或今日的延伸。因此，一定有预兆。我从预兆的阶段就开始观察在特定阶段运作的各种情况，清楚判断其结果会是如何，我就渐渐养成了这样思考的癖好。

彻底实践假设、验证与实验这三项解决问题的技巧，那么，不管看到任何事物，就都可以预见其未来。

因此，我本身并没有刻意要产生出什么新的构想，但是以没有经过思维训练的人来看，就会觉得：明明没有任何人提出过此论调，而大前先生却会如此思考，真是不可思议。

二十一世纪不存在专业人士

我认为在二十一世纪，并不存在所谓专业人士，许多人对我说的这番话提出反驳，他们认为专业人士自己可没这么说。刚开始的时候，我真的对他们的反应相当惊讶。

把一九八五年当作一个界线，之后的世界有了很大的不同。一九八五年微软 Windows 系统第一版上市，随后电脑网络便急速发展，将全世界既有的观念全部替代更新。

如同我在前言中所说的，新经济已然开始，而我们已经迈入看不见的新大陆。新经济迄今仅仅几十年，所以不可能发展出所谓的专业人士。

一九八五年，就国际局势来看，是苏共中央总书记戈尔巴乔夫上任的一年，对于那之后的世界新秩序而言，还未存在熟谙相关事务的专业人士。例如江户幕府时代持续了两百年，当然会出现专业人士；但像在明治五年或是明治十年时，就不应该出现所谓明治政府的专门研究者这样的专业人士。

现在就如同那个时期一样，从一九八五年起，全世界的面貌已改变，认为存在专业人士并且听取他们建议的人，就会被他们的旧的价值观所引导，反而增加误判局势的可能性。

资金和信息可以自由跨越国境，企业贸易也可以轻易地来往于各个国家之间，可以说国家与国家的界线，已经由实线转变成为虚线。这是一种前所未有的新现象。在原先封闭经济时代成立的经济学已经不管用了，然而，经济学家只将以往的经济理论做了些微的修正，这根本就是个彻底的错误。

另一方面，我一直论述的“区域性国家论”或“无国界经济范畴”可以得到验证的实例，则每年都在增加。全世界都称我为无国界经济的提倡者，而我则认为，我只不过说明了以往的经济学理论不再成立了而已。在封闭型经济中所叙述的金钱、利息以及雇佣关系的旧经济，在国界变为虚线的时代就不存在了。这只是封闭体系和开放体系的差别而已，在物理学家看来，不过是理所当然的事情罢了。

在封闭型经济中，问题的答案只有一个，但开放型经济并非借由单纯的因果关系就能说明，往往可能出现两个答案。例如“正确的汇兑金额为何”这个问题，一美元兑换一百三十五日元或是一百十五日元都正确。因为在开放体系中，这是一个非线性、非平衡的方程式，可以存在许多可能的答案。

在原先封闭经济时代成立的经济学已经不管用了，然而，经济学家只将以往的经济理论做了些微的修正，这根本就是个彻底的错误。

日元升值又如何！

我一直从事帮助企业跨越国界的工作，所以能够早一步察觉到经济已经转换为开放型经济。但是，我们的政府毫无对策，竟然让企业陷入经营困难的状况。日美谈判时，日本政府毫无警觉与招架之力，例如一九八五年九月的“广场协议”（Plaza Accord）使得日本尝尽苦头，汇率从一美元兑换两百三十五日元一下子变成一美元兑换八十四日元。一瞬间企业的利润只剩下三分之一。那么，应当如何应对呢？我的工作便是为这些被逼得走投无路的企业想出解决方法。

在当时，由于日元汇率一下子上涨三倍之多，唯有降低成本应对，然而，立刻将成本降低为原来的三分之一是不可能的。我在不断找寻解决方法的时候，一再思量我在《企业参谋》一书中提到的策略性自由度，即加大思考的自由度，把所有的可能性全部加以试想，终于想出三个出口的扭转方法。

克服日元升值所带来的负面结果，只有下面三个方式：一、在日本境内降低成本；二、进入美国，从事与日元无关的工作；三、进入亚洲，让日元和美元成为中间货币从事交易。利用扭转这三条水管中的某个水龙头来取得平衡，使汇率对经营产生的影响减少。

在开放型经济体系中，我们在亚洲、美国或是日本从事生产，随着汇率的变动，扭转其中某条水管的出口来调节，达到不会受到汇率影响的目标。这个道理对于物理学家来说非常简单，但若是经济学家，因为没有人拜托他们做类似的事情，他们自然不会朝着这个方向思考。

也就是说，我只是尽我的力量，帮助那些在现实中的大变化里极力寻求应对方法的企业，为它们找寻出路并创造利益而已。就我而言，赚取我的酬劳，就像海狮借由表演换取一条沙丁鱼作为犒赏一样的道理，这样的思维已经成为我的习惯。由于这些实例的日积月累，现在我完全习惯于开放体系的思维方式。

所以，我的构想并非像莫扎特作曲，会突然浮现出音乐的旋律，或者像是毕加索作画时会忽然出现构想这类天才型的东将这种模式作为假设，看现实生活是否和假设一样，然后进行验证。

西，而纯粹只是对于事物产生疑问，如同一个科学家因为思考的癖好而产生出想法罢了。

通过不断地思考各种问题，在两次、三次的错误实验过程中，渐渐从“该不会是这样吧”的不明确模式中得到答案。将这种模式作为假设，看现实生活是否和假设一样，然后进行验证。反复不断地进行实地走访验证，一定会比别人早一步有所收获。

我的构想方式，绝不会跳脱出前一章节所提到的思维的推论方法。再次强调，不断训练自己进行逻辑思维，然后建立假设，或是先举反证。说不定这就是我与众不同的地方。

互联网时代的“大前法则”

网络使用者越来越相似

最近，我开始有点妄自尊大地提出所谓的“大前法则”。

其中的一项法则就是，进入互联网时代的第五年，大家的举动变得十分类似。就以二〇〇四年为例，与网络有关系的人，在全世界有八亿，而这些人绝大多数使用的是微软 Windows 软件。而且相关数据显示，这个数字以每年五千万的人次逐年增加。

这些人在开始使用的第一年多半是收发电子邮件，第二年开始运用幻灯片软件，到了第三年开始利用搜索引擎，并且试着用数码相机编辑相册，使用范围越来越广。然后第五年时，每个使用 Windows 系统的人几乎呈现出同样的举动。

像这样，本来通过口耳相传而形成各式各样的价值观，也就是所谓的民族性或是国民性，但在网络村的居民，几乎都使用谷歌这个搜索引擎。当碰到不懂的事物时，并非请教祖母，而是使用全世界最大的搜索引擎谷歌搜寻。其结果就会导致大家的生活方式都大同小异。

八亿人口开始做同样的事情，产生的力量是巨大的。八亿人口相当于美国人口的三倍多，欧洲人口的 2.5 倍多。发达国家的全部人口大约有七亿人，而现在超过这个数字的网络人口，不论身在发展中国家还是发达国家，几乎都可以得到相同的信息。而且，网络村的人口还会不断增加，这绝对是不容置疑的。

天涯若比邻的网络村

我举一个自己亲身经历的例子。

我在西班牙演讲时发生了一件事情。我刚刚抵达西班牙就受到主办单位的邀请，与当地商界人士一同用餐，但我体会到和他们吃饭，如和老朋友聚餐一样亲切。这是因为，从我的经历到我太太的兴趣，他们都了如指掌。虽然之前我在西班牙也出版过六本书，西班牙人或多或少可以从书中了解一些关于我的事情，但应该不至于知道我较为个人化的部分。然而，那天我所碰到的西班牙人，就如同到昨天为止都和你共同生活的人一样，熟悉你的一切。我可以断定，他们都曾利用网络搜索来查询我的资料。

之后我造访新西兰时也遇到相同的情况。演讲完后，大家围着一张大桌子共进晚餐，谈话的内容几乎和在西班牙时一样，果然他们也是利用网络搜索，对我的事情十分清楚。

我在这三十年间走遍全世界做巡回演讲，以前从来没有这样的经验。如今，明明是和完全没有关系的人吃饭，他们却连我太太从事音乐方面的工作都知道。通过网络，世界就像变成了一个小村落，就像是一场村内举行的会谈一样。而且，使用网络搜索引擎可以查询到许多信息，若是能运用自如，所要查询的数据就像随时会自动跳出一样。因此，网络村的居民只要经过五年就会不分国籍地产生相同的举动。大家获取信息的方而且全世界都拥有相同的信息，全世界的传统文化很有可能最后变成一个共同的文化。

式是一样的，理所当然，大家行动的方向会趋于一致。

这种现象意义深远。因为在网络上可以跨越国界，方便地收集到所需要的信息，政府就没有办法再欺骗国人了。而且全世界都拥有相同的信息，全世界的传统文化很有可能最后变成一个共同的文化。

这个“大前法则”其实也不能说是法则，再怎么说都只是假设，但经过实地的调查确认后，我对于这个假设的成立越来越有信心。

中国人不会误解大前研一

例如在前文中作为例子的中国也是一样，中国现在出现了一些研究大前研一的学者。前不久，我突然收到一封中国天津的学者发来的信件，写到他很久以前就一直研究大前研一，想要成立大前研究会，希望可以得到我的协助。

我在中国台湾地区和韩国已经有十几本著作翻译出版，所以很久以前大家就对我有所认识。中国大陆这些年虽然也在陆续出版我的著作，但我的名字在中国大陆被大家所熟悉应该是在出版《中国的影响》一书之后，某些中国人基于关心国家而开始注意到我的存在，并且通过网络就可以收集与我相关的任何信息。所以，想必那些自称为研究学者的人肯定也使用过网络搜索来了解我吧！

我在《中国的影响》一书中所写的内容，对中国而言并不是很委婉客气。如果出现一些诸如“明明是个日本人，神气什么”或是“对大前研一进行声讨”之类的负面声音，我也不会觉得奇怪，因为书中有些内容确实严厉批评了中国的一些问题。但是，实际得到的结果是正面而积极的，他们认为我非常了解中国的情形，而且是为了让中国更进步，所以才会说得如此严厉。

这件事情意味着，我传达了语言间微妙的差异性。我并非对中国一味歌功颂德的中国学派人士，却是可以用平常心论述中国正面临什么问题的人。由于我对中国有深入的研究，那些想让中国更进步的人才想要和我对谈或是研究我的思维方法，以便应用于中国。

> 我并没有对中国特别做出喜欢或厌恶的评论，只评论这是世界的脉动，以这个角度为出发点来解说中国的情形。

从这一小段插曲中可以得到一个结论：就是这个世界已经越来越狭小，以前要将微妙的差异性传达给中国人是非常困难的事情，但是，通过网络可以获得许多信息，包括可以了解我个人的信息，我的严苛评论却得到正面的回应。

《中国的影响》一书所提到的“区域性国家论”也是信息流动所带来的结果。信息跨越国家的界线而变成全世界共享，金钱也超越国家的界限而流动。

我并没有对中国特别做出喜欢或厌恶的评论，只评论这是世界的脉动，以这个角度为出发点来解说中国的情形。中国要如何行动才不会偏离这个世界所行进的轨道，在这样一个问题中，我只是提出自己的看法而已。

我并不认为这是一个相当伟大的构想，只不过是在理论上做必然性的归纳罢了，是理论思维的延伸，并非突如其来的想法。对于眼前正在发生的现象抱持疑问，建立各式各样的假设，针对这些假设不断地反复验证其正确性。所以，询问中国何以开始快速成长，接着在这样的思维延伸上，产生一个新构想。

构想始于假设。“说不定，中国会变成区域性国家……”这在最开始都只是个假设罢了，欲得知它正确与否，就得起而行，实际去观察，掌握相关数据并进行验证。也就是说，出现新的构想时，我在脑袋里反复进行假设→验证、假设→验证的过程，进而建构一个明确的范畴。

在这里我要说的是，要想形成好的构想或是创造出类拔萃的设想，终究还是要在日常生活中不停地进行思维方式的训练。就像是想要锻炼体力就做俯卧撑一样，思维训练必须每天进行。

摆脱陈旧思维方式的方法

试着想象五分钟后云彩的形状

逻辑思维中，关于“锻炼联想”的最有效的方法就是使用平常没有用到的感官（感觉、触觉）。

这并非是一件困难的事情。例如观察天空的云彩，想象五分钟后它的样子，这就是其中一种训练方法。仔细地观察云彩，你可以发现它随时变换着各种形状由西向东飘去。练习在某个瞬间，想象云彩数分钟后的形状。台风来时云彩的形状瞬间就会改变，你也可以想象下个瞬间云彩的形状。

这种训练当然没有正确的答案，也没有办法描绘出五分钟后正确的云彩形状。但是通过这样的训练，可以让头脑中产生出新的思维逻辑，这就是英语中的“sense”，即“第六感”，通过平常所接触到的事物来进行练习。

要在工作中产生新的构想，获取和平常不同的感觉是很重要的。我在一九八六年出版了《看得见世界/看得见日本》，当时讲谈社的编辑表示，他觉得我著作的内容稍嫌“硬”了些，希望能改变措辞，让文章语气和缓些，说不定就可以吸引一些主妇群的读者。因此，在文章中我就会适当加入一些符合主妇习惯的帮腔式插话，像是“为什么会变这样呢”或是“我不懂它的意思呢”。

当时编辑会如此建议我，是出于他自己的构想，他认为，我所说的话他都能充分理解，但只有他自己理解是没有用的。为了让我所说的话能够得到更多的共鸣，应该考虑主妇群的感受。

主妇们有时点头表示赞同，有时露出惊讶的表情，有时还会说“我不懂”。我把这些互动写进书中，结果使我的读者群更大，这本书也成为当时的畅销书，这就是编辑人员考虑不同感觉而成功的例子。

试着接触不同的东西

我在演讲的时候，如果听众清一色都是商业人士，我大概就可以知道底下的人会有什么反应。当前排坐着的都是女性听众时，我会试着改变讲话的方式，观察有多少人会边点头边听我的演说。像这样以引导的方式营造出感觉上的不同，在训练构想的思维逻辑时是非常有用的。

试着将自己平常的感觉，突然展现在不同事物面前，像是与外国人、不同性别的人或是不同年龄的人对话，都是不错的练习。这对产生新思路或新构想是非常有用的方法。

举个比较奇怪的例子。我用英语说话时，常常能得到更好的构想，把用日文逻辑所思考的事情，以英语说明时反而会更有效果。

在平常使用的日文思维逻辑中会形成固定观念，不容易产生新构想。接触不同的事物，可以让构想更丰富，也可以让某些思维上的假设成为结论成立的充分必要条件。

除此之外，我还会做以下的事情来训练自己。例如，晚间坐在车里向外看，外面街景的灯光如同走马灯般一闪而过。朝着行进方向坐在左侧靠窗的位子，左边的眼睛是与右脑相关，所以应该可以借此刺激右脑，这时写一些东西，努力认真思考，常会不可思议地突然出现新的构想，或是整理出一些不同寻常的思绪。

由于可能容易发生事故，所以这个做法不太值得提倡。那么，你可以试着闭着眼睛走在路上，当然，要在你办公室附近一个你十分熟悉的地方。依赖你的耳朵及其他的感觉走路，你将会“看到”与以往截然不同的景观。前面真的没有东西挡住吗？应该快要到转弯处了吧？可能心中突然产生不安或是恐怖的感觉。或许很多人会觉得，为什么要做这种事情呢？因为如此可以刺激你平常没有用到的大脑机能。

另外，我在工作时做笔记或是寻找构想时，会使用蓝色的方格纸，从方格纸的左下方往右上方记录重点，一边听客户的话一边做笔记，最后在方格纸的右上方就会完成一个金字塔结构，多半用这个方法可以导出一个结论。

通常，竖写的话是由右上方往左下方书写，横写的话是由左上往右下书写。大概是因为反其道而行，所以可以出现对事物的不同看法吧。当然这也是能不能习惯的问题而已，谁都可以做得到，而这也是刺激脑中不同部位的方法之一。

> 人类是懒惰的动物，一旦用脑的方法模式化后，就很难用别的方法再予以刺激。

人类是懒惰的动物，一旦用脑的方法模式化后，就很难用别的方法再予以刺激。所以，为了训练思维逻辑以产生新构想，就必须常常刺激脑中不同的部位，这一点是非常重要的。

刺激脑部的假日休闲方式

很多人在往返公司的路上，往往都是和同事或客户交谈，回到家总是筋疲力尽，几乎没有和家人说什么话就睡了。这样的生活使得大脑的逻辑完全模式化，绝对不可能再进行这种模式以外的构思。

有一个练习可以让大家从现有的思维方式中跳出来，各位试着做做看。

练习题

在下一次休假时，走上江户川的堤防，在上面走上十公里再回来。

> 像这样接触到与平常上班生活所看到的不同的景色，脑部就会跟着灵活起来。

当然，这是对住在东京近郊的人而言，若是住在关西的话，可以在淀川步行，根据自己所住的区域改变步行的地点。但是，不包括自己家附近的地点，是这种练习的基本规则。例如住在江户川附近的人，就改去多摩川或是利根川等，重点就是要去平常不去的地方。

为什么要做这样的练习呢？在江户川堤防走上十公里，单凭这种行为就可以让你看到很多平常看不到的景致。

新景观使平常没有用到的脑部思维逻辑得以锻炼。住在附近的人，都是如此度过休闲时光，或是自己上了年纪之后，会不会也到这样的场所来打打棒球呢？像这样接触到与平常上班生活所看到的不同的景色，脑部就会跟着灵活起来。

接着，试着对自己提出问题。

首先，想想要不要搬到这附近来住呢？如此一来，开始在脑袋里思考一些正面和负面的情形，放眼望去，绿油油的一片，环境也不错、购物和学校不知道怎么样、夏天说不定很多蚊子，等等。如果又想到下次也带孩子们来走走，这时思维又会开始运转，想着到那时要做些什么、若是开车来不知有没有停车场、午餐是先去便利店买好还是到这附近来烤肉呢，等等问题。

更进一步想到若这个堤防上可以盖房子的话，自己真想要拥有这样的房子，问题接二连三陆续出现。想着建设部门一定不会核准在这个地方盖房子，但万一真的可以，自己要盖一栋怎样的房子。或是想着对岸好像也不错，于是又开始想好的一面和坏的一面。然后想下次来的时候，走过桥去对面看看吧。

看到河川的对岸，堤防外的江户川区，是密密麻麻杂乱无章的住宅区，看到这番景象，突然心头涌上一股对国家的怒气，为什么我们得在这个狭小的地区比邻而居挤在一起，而不能在这一片广大的土地上盖房子呢？而且这边的景观远比对岸漂亮许多。

接着又想洪水泛滥而不需负责的前提之下，交通部门若是允许在这片土地上建造住宅区，成本一定很低廉，或是不知道要找哪个机构进行交涉才对，等等问题。

随后开始思考照今天所走十公里的距离来计算，可以盖上几栋房子。若简单地计算出四十万户，然后再对自己提问：那么对于这一片土地，是否还有更好的利用方法呢？诸如此类的在“当下若没有找到答案就会死”这样的强迫观念之下，将自己所拥有的数据从脑袋中调出来加以分析，然后找出可以说服自己的解答。

问题不断在脑海中涌现，而这些问题一定是以前所没有思考过的。

“思考”，就是对自己提出疑问

我的人生就是这样不断进行思考。走路的时候，绝对不会发呆，一定是边走边思考，因此，头脑运转的机会非常多。如此连续不断地思考，就能产生许多经验和构想。

“思考”，就是常常提出疑问，然后自己努力寻求解答。在“当下若没有找到答案就会死”这样的强迫观念之下，将自己所拥有的数据从脑袋中调出来加以分析，然后找出可以说服自己的解答。其实，这种事情大家都可以做到。

我所说的“灵活的头脑”，并非指凡事不多加思索、照单全收的头脑。而是指假设自己的眼睛看不见，在街上行走的时候，当脑部不同部位受到刺激，接受事物的方式就会跟着改变。所以“灵活的头脑”，绝对不是指怠惰的头脑。

那些在散步时什么都不想的人，在面对问题时，或是挑战新事业模式时，就得绷紧身体的发条了。对知识怠惰的人，有他们自己所谓的人生观。你若想过那样的人生当然也可以，如此一来，这本书对于你的意义就不那么重要了。

接下来，对于上进的人，就这个江户川堤防问题的延伸，继续试着做下一道练习题吧。

练习题

观察正在赏花的群众，以“赏花与日本人”为题，整理出一篇一千二百字的论说文章。

解说

最重要的是，不要去想思考这件事情能有什么帮助，只要想该如何尽力去思考就对了。

由于我办公室附近有几处相当知名的赏樱场所，从樱花开三分左右的程度到樱花凋落，我不止一次骑着自行车观察大家赏花的情景。因此，了解到躲在角落里的人和每每在宴会中趾高气扬的那些人有些什么不一样、最近铺在地上的席子的材质似乎改变了，或是赏花时突然下起雨来，大家会出现什么反应，等等。甚至于想到日本人为何情有独钟于樱花，而不是其他种类的花。在不断观察的过程中，搞不好可以写出《日本人论》这本书呢。

> 在商场上也是，成功者几乎都是将所有人忽略的部分加以重新思考，才获得事业的成功。

不认为理所当然的人容易成功

由于行政部门处理事情不及时，赏花之后总是出现堆积如山的垃圾。若是交由民间的企业处理，考虑到所谓负载量的问题，应该就会想到必须随着高峰时间来调配清洁人员。例如，麦当劳就会配合最繁忙的时段调配增加店员人数。若垃圾的处理也配合赏花人数最多的时段调配更多清洁人员，就可以保持和平常一样清洁，但行政部门就是不去实行，才会导致垃圾堆积如山。

像这样一个赏花的主题，在某些层面的意义上，就有可能看到整个日本问题的缩影。

这道题目的好处，是可以思考到平常几乎不会去思考的问题。理所当然的现象，反而是我们应该认真思考的部分。

在商场上也是，成功者几乎都是将所有人忽略的部分加以重新思考，才获得事业的成功。就是要把多数人都认为对的事情，将别人平常忽略的地方，用放大镜进行无数倍的扩大，之后衍生出市场需求，具备这种个性的人才会成功。

对日本人而言，赏花的意义是什么、赏花这种风俗民情会持续下去还是会消失，像这样的问题都可以在赏花的题目中做分析，进而钻研为了能有更愉悦的赏花环境，还有哪些地方可以改进、针对垃圾处理问题还有哪些方法，这些对于头脑都是很好的训练。

这样的思维方法也和商业有关，对于认为不可能构成商机的部分也加以思考，说不定突然就会出现“垄断商品”事业的构想。或许就是在别人越觉得不可能找到机会的地方，越有可能出现商机。

思考的时候必须有紧迫感

世界各地都有企业邀我去演讲，演讲的主题包罗万象。由于演讲费用较高，对方的要求也就相对严格。为了符合要求，我对于头脑的训练更是不敢懈怠。

例如前些时候，美国杜克电力公司就邀请我为该公司创立一百周年纪念做演讲。这家公司位于北卡罗来纳和南卡罗来纳的交界，演讲的主题为“如何让南北两州得以繁荣发展”。

由于是一百周年纪念的活动，所以对方相当用心。听说工作人员从一年前就开始准备，最后敲定演讲内容方向为“卡罗来纳的未来”或是“区域性策略”，而我的《区域性国家论》一书刚好符合他们所要求的内容，虽然知道我的演讲费用相当高，但他们最后还是找我去做演讲。

我事先就接到杜克电力公司总裁打来的电话，在针对他提出的问题一一作答后，最后正式敲定演讲一事，由我只身前往卡罗来纳的夏洛特市。主要来宾都是当地的居民，包括卡罗来纳某大企业的管理层，还有一些知名人士，前来参加的人知识素养相当高。在这些人面前，我要针对卡罗来纳的未来，分析当地的相关区域性策略问题。演讲费用为五万美元，所以我必须拿出能让他们觉得对得起票价的演讲内容。

我决定让自己成为“卡罗来纳人”，先极力吸收对方提供的资料，再配合我的区域性国家论等理论范畴中的内容，最后整理成一小时的演讲内容，随后再进行专题讨论。

这样的操作方式，若在平时没有练习的话，是不可能办到抱着这种态度的人，就算到了老板的面前，有了表现的机会，也会因为马虎不负责任的态度而错失良机。

的。不管是五百万美元、五万美元，还是免费的演讲，经常要抱有一个小时要产生五百万美元价值的紧张感做事。一般的上班族，尽管可能一直都是努力做着老板或上司所交代的工作，但若在知识面上懈怠，就不可能每次在老板面前都恰好有好的表现。这种态度，就剑道而言就是低估对手的实力，往往因为太过大意而惨遭滑铁卢。经常保持紧张感，以同样的态度面对每件事情，让自己随时处于准备好了的状态，才能提高解决问题的能力，产生好的构想。

当然，面对不同的对象应该改变说话的方式，例如可能会因为前排大多坐着主妇而改变措辞、语气，但是思考的强度并不会改变。如果因为对象不同就舒缓紧张的情绪或是减弱思考的强度，一旦形成这样的坏习惯之后，就会常常无法全心投入。抱着这种态度的人，就算到了老板的面前，有了表现的机会，也会因为马虎不负责任的态度而错失良机。

拥有可以互相否定打击对方的朋友

在这里我要推荐一个更有效的思维训练方法，那就是找到可以进行有效对话的对象。

所谓有效对话的对象，指的就是可以互相挑战对方的假设的人。非常幸运，我就拥有多位这样的朋友。例如，有位朋友问我："为何这家公司的股价总是高于我的预估？明明是一家不健全的公司，为何会如此？我原本以为这家公司接下来一定会有减资的动作。"对于这样的问题，我提出了我的看法，回答他："不对，并非如此。不是发生了某某事件吗？"如此一来，对方又接着反驳我的看法。

试图推翻对方的假设，可以让自己进行更深入的思考，因此，拥有这样的朋友，对于理性思维的训练，是非常有好处的。

我常常听到一般商界人士的对话，总觉得内容实在乏善可陈，只是将所阅读到的新闻报道说出来而已，然后对方回答"是啊，就是这样"。两个人之间的对话，没有一句话是经由自己思考而说出的。

我会对电视或者报纸报道上没有写出来的部分进行假设，如此展开对话。

把在电视上看到或是阅读报纸得到的信息说给对方听，而对方也是因为看到或者听到同样的东西，于是就回答自己也知道，两个人就这么展开对话，之后就在互相确认彼此所看到的内容中结束攀谈，完全没有经过逻辑思考。而报纸或是电视报道，不过就是将政府所发表的谈话，照本宣科地传递出去，完全没有报道实际的情形。将报道囫囵吞枣，互相确认，实在是毫无意义。所以，当你阅读一篇报道时，首先就要抱有怀疑的态度，思考报道的正确性。

换作是我和朋友之间的对话，情况就不同了。我会对电视或者报纸报道上没有写出来的部分进行假设，如此展开对话。为了进行这样的对话训练，我建议每天做下面的练习。

练习题

读完每天的报纸后，提出五个疑问。

然后，思考自己可以运用什么方式，进行怎样的调查，是否可以提出更完善的报道内容。

解说

为了使思考过程可以更丰富、多元化，相关知识越少越好。若是只写自己所熟悉的部分，则只是在进行确认而已，然后你就停止头脑的运转了。事实上，认为自己已经理解了的人，是最危险的。

理解之后，头脑就会在该处停止运转，人就会在自己理解的范畴内，对其他的事情做说明。就像在凯恩斯经济学中，对非封闭经济体系提出振兴的对策。由于互联网经济和无国界经济的出现，现实社会中的经济和凯恩斯时代出现相当大的鸿沟，这样当然行不通。

当你不确定是否理解、头脑中还有几个疑问，如同处于朦胧的星团之中，在这样的状态下，你就会持续进行敏锐的思考，反而比较容易产生好的构想。也就是说，利用不知道或是无法理解这种挫折感，就能提高思考的张力，更容易产生结论更确定的构想。

我们的教育方式是一开始就告知学生答案，这实在是一大弊病，从日本的现状就可以看出它的影响之大。而强调养成思考习惯的北欧教育，就能在人才培养方面胜出。

第六章 解读五年后的商机

对五年后的移动电话进行预测，也就是在五年后你可以说“我的确有先见之明”，但事实上，这就是一种理性思维的推理能力，而具备这种能力的前提就是拥有努力求知不懈怠的态度。

谁都有能力预测未来

没思考所以被广告骗

说到预知性，很多人有所误解，以为是预言，或是突然闪过的一个念头所产生的。但是我认为预知性是通过理性思维而产生的。

我所提倡的无国界经济也好，区域性国家理论也罢，在当时是谁都无法理解的论调。但是，观察社会的动向并且验证一些支持性的假设之后，当中所隐藏的许多证据可以推论出我的论调是正确的。

就拿身边的例子来说，日本的土地价格在一九九〇年后一路下滑。目前，虽然东京市中心有一部分土地价格有所回升，但绝大部分区域的土地价格仍然持续下跌。

一九九一年到一九九六年间购买房子的人想必现在十分后悔，因为自己花了七千万日元所买的房子，现在大概只能卖三千万日元左右。或者，以上下班时间而言，原本在搭车大概一个半小时或是两个小时的地方，终于可以买得起独栋住房，现在以同样的价格，就可以在上下班时间花费不到一半的地段买到相同质量的房子。

而且，三十五年的贷款期中，刚开始几年每个月偿还的贷款，几乎只是在付利息，根本没有偿还本金。特别是在一九九三年到一九九五年间向银行贷款的人，若再等个五年，偿还的金额几乎只要原来的一半。

这个悲剧，难道真的是谁都无法预料也无可避免的吗？

的确，在当时并没有人告诉我们土地的价格还会下降，想买房子的人可以再等一等。还有，不仅是房屋销售中介，连所谓的经济评论家都异口同声地说：“土地价格不会比现在更低了。银行利息也降至如此，所以现在绝对是最佳的购房时机。

> 因为广告宣传让偿还贷款这件事看起来真的变得很轻松，许多人看了这些广告后认为现在购买房子正是时候，或是买房子得趁现在。

如果错过这次机会，以后要买房子恐怕就很难了。”

而且在一九九三年时，日本的住宅金融公库[①]推出所谓“轻松偿还”的贷款商品。这个贷款方式声称是阶段性偿还贷款，在最开始的五年期间偿还较少的金额，但之后每个月的偿还金额快速递增。以4%的利率贷款三十五年，从第六年开始偿还金额就会增加30%。

当时，夹杂在报纸里的不动产广告单中，均宣传使用这个“轻松偿还”贷款商品的最初五年偿还金额。例如，每个月仅需支付多少日元，你就能拥有梦想中的独栋住房，等等。因为广告宣传让偿还贷款这件事看起来真的变得很轻松，许多人看了这些广告后认为现在购买房子正是时候，或是买房子得趁现在。如果对房屋中介公司表示对阶段性偿还贷款有所质疑，得

① 日本公共住房的供应模式主要以日本住宅金融公库、日本住宅都市整合公团和地方住宅供给公社为主体。其中住宅金融公库承担住宅资金融通的职责，后两者负责建设和提供住宅。

到的答案是："接下来薪水就会渐渐调高的，绝对没有问题。"使用这种阶段性贷款商品购房的人不在少数。

之后，薪水确实也调高了，但是没多久又变成减薪，如此起伏不定的时代来临了。明明收入减少，贷款偿还金额却逐年增加，实在压得人无法喘息——这算哪门子的轻松呀。

因为这项轻松偿还贷款商品，很多原本已经放弃拥有自己房子的梦想的人购买了房屋。结果与住宅金融公库签订合同的人，从以往的五十万人左右，到一九九三年超过七十万人，一九九四年竟然暴增至将近一百万人。其中使用这项"轻松偿还"贷款的人，仅仅两年间，实际数字就达到七十万。一九九五年底，住宅金融公库的融资余额件数达到六百万件。

政府和房地产商串通一气，欺骗了全体国民，刺激民众借钱买房，而目的是拉动经济增长。把全体国民当作刺激经济的工具，实在是一种令人难以苟同的恶劣行径。但是，不论是政治家、地产商，还是被称为分析师、评论家的那些人，现在都是一副事不关己的样子。

之后，高价购买住宅的人们不希望同一社区的楼盘降价销售，还发生过反对降价的抗争运动。

但是容我再问一次，这样的事件真的是不能预测的吗？

政府、开发商一起骗人

我早在一九九二年便说过，东京的地价被高估了五倍之多，同时也投稿于《文艺春秋》，还在一九九五年于《文艺春秋》发表过以《不动产还会持续下跌》为题的文章。

在其他人都认为地价不会再跌时，为何我还能预测土地价格会持续下滑呢？这就是所谓的预知性，其实也就是不盲目相信政府、开发商或是媒体所说的话，而是对任何人都能取得的数据进行分析得到答案。我将这些资料列出如下：

- 当时泡沫经济的影响还没有退却，单是东京都内就有大量剩余土地。
- 过去因泡沫经济而集聚的外资企业，纷纷关闭在日本的分公司，还有一些日本其他地方在东京开办的公司也从东京撤离。不仅东京的办公室需求量减少，原本这些公司员工的住宅用地也多余出来。
- 倒闭企业急速增加，因为贷款抵押而被银行扣抵的物品也就越来越多。

以往日本的经济一向是土地本位制度，所以政府想通过国民的购房行为——而且是高价购房，来刺激经济的复苏。

- 重工业企业也从都市的近郊搬离，那些原本是工厂的土地只能转而作为住宅用地。
- 世界贸易组织的乌拉圭回合谈判使得农作物的进口自由化，高龄农家放弃农业而使得休耕土地增加。另一方面，因为实施定期借地权法，持有多余土地的人开始定期借出土地。当时，我依据这些资料就推算而且公开表示过，单单从市中心向外半径五十公里的范围之内，就有三十七万公顷的闲置土地。
- 由于建筑基准制度的松绑和国外的建材得以进口，也可预见建筑费用势必下降的趋势。

单从以上几点事实来看，应该在一九九三年、一九九四年的时候，就可以预测地价一定还会大幅度下降，而且一九九五年时更能确定这个答案。

政府方面一定也知道这些，但仍和地产业、银行业联合，刺激国民的购房行为。以往日本的经济一向是土地本位制度，所以政府想通过国民的购房行为——而且是高价购房，来刺激经济的复苏。让我们来看看这整件事情的始末吧。

一九九〇年由银行实施不动产融资的总量限制，导致房地产公司之间不能进行土地的买卖，而使得土地的买卖比较冷清。

↓

再加上银行的融资条件变得更严格，也就是实施所谓借贷限制，使得金钱更不会流向土地购买。

↓

其结果导致房地产公司开始一家家倒闭。

↓

这么一来，银行收不回来的债权增加，也影响大型建筑公司的营运。

于是，政府认为这种情形若持续下去的话，银行或是大型建筑公司势必接二连三地倒闭，因而想出借由他人之手的方法，也就是将目标指向一般的民众——唤起民众对住宅的需求，使之购买房屋。而且如果能抬高房屋价格，就可以让房地产公司和大型建筑公司，甚至银行都得以存活，也达到经济复苏的目的。也就是说，牺牲国民来抢救大型建筑商和银行。

但就结果来看，即便有将近六百万人购房，也不见经济回暖，失业人数由一九九一年的一百三十六万人，增加到二〇〇一年的三百五十三万人。欺骗了多数民众之后，得到的效果岂止是零，根本就是负数。

该倒闭的银行就让它倒闭

我在提出地价被高估了五倍的同时，也说过一般规模的银行无法承受地价下跌的变动，将会有上百家银行面临倒闭和该倒闭的银行就应该让它倒闭的言论。

当时，政府对外公布的不良债权有十三万亿日元，但依我的估计应该有两百万亿日元。这还是我以日本的个人金融资产为一千万亿日元，仅占日本资产的20％来估计的。因此，日本要想解决这个困境，应该尽早处理这个问题。所以我才会提出该倒闭的银行就让它倒闭，这样才是正确的做法。

但是，后来银行有公有资金的流入，在前面章节也提到过，以利息超低的方式介入，银行才得以苟延残喘。国民的财产被吞噬，日本经济持续低迷，却依然还有一百万亿日元的不良债权，而且还净是些烫手山芋。

再加上我早在一九九二年时就说过，最合适的日经平均股指应该在九千点。这是利用股票收益率和净现值（NPV）的方法计算得到的数字。也就是说，若运用前几个章节所提到的科学推论和逻辑思维，要知道今后的地价如何变动，或是推算出股票的合理价格，其实并不困难。

之所以不能做到该倒闭的银行就让它倒闭，是因为大家认为，银行倒闭会有很严重的影响。

练习题

请大家想一想，一旦日本的银行倒闭，会产生什么严重影响？有谁会感到困扰？

正确解答是，不会有什么特别严重的影响，而且也不会对任何人造成困扰。大家总是认为，银行倒闭会很伤脑筋，其实这是被政府的假动作和利益集团的宣传所影响。仔细思考就会知道不仅不会有什么影响，而且也不会有任何伤脑筋的事情银行就像是经济的血管，但是日本的银行有超过十年以上的时间并没有发挥它的功能。银行的存在并无助于经济发展。

发生。

银行就像是经济的血管，但是日本的银行有超过十年以上的时间并没有发挥它的功能。银行的存在并无助于经济发展。日本经济没有露出瓦解的迹象，也刚好说明：即使银行倒闭也没有任何影响。再从国际的角度来看，由于日本的银行没有从国外筹集资金，所以国外就不会对日本所发出的银行倒闭信息有任何的质疑。

何必救银行

事实上，在二十世纪八十年代的美国和九十年代的瑞典，都有许多银行因为没有适当处置不良贷款而倒闭。但是，并没有一个国家为此受困扰。二十世纪八十年代，美国推行储蓄贷付组合（S&L）银行业务的机构全部陷入经营危机，当时的布什总统持续投入了一千五百亿美元的公有资金来保护银行

> 理由就是，只要是有必要的银行业务，就一定会有其他银行可以取而代之。

储户，使得七百亿美元以上的 **S&L** 得以清算。这里要注意的重点是，公有资金是用来保护银行储户，绝非像日本一样，是为了让银行（这里指的是 **S&L** 的情形）继续存活下来而动用资金。

即便当时美国加利福尼亚州有一半的银行倒闭，或者得克萨斯州银行所有的分支行全数破产，也没听说过加州或是得州有任何企业因为接受融资而有麻烦的事情发生。

这是为什么呢？理由就是，只要是有必要的银行业务，就一定会有其他银行可以取而代之。

若是存款获得保护，这些存款就会从倒闭的银行转移至新的、健全的银行。新的银行可以将这些钱再贷给企业或个人，所以也不会有融资减少的情形发生。所以，政府实在没有任何必要去拯救哪家银行。

倒不如说，银行数量减少的时候，对有意进入银行业者反而是一个大好机会。

例如，我个人就认为，由丰田汽车集团买下 UFJ 银行是最理想不过了。丰田汽车因为有处理汽车贷款的需要成立了金融子公司，也获得 AAA 的高评级。而且丰田汽车绝对有能力承受 UFJ 银行不到四万亿日元的不良债权。而一直以来，丰田汽车之所以没有进军银行业，不外乎是因为日本金融厅为了保护既有银行业者而设立了许多规定限制。

NTT 也是同样的情形，若是有心的话，一定也能马上成立银行。在国外，通信公司设立金融子公司的例子非常多。例如 AT&T 从开始办理信用卡业务以来，短短两年就成为全美最大的企业，随后相关业务一起卖给美国花旗银行而获得相当高的利润。

采用月底结算系统的九家电力公司，均有能力拥有银行，在日本还有许多有能力进军银行业的企业。例如，富士胶卷和任天堂等虽然拥有一万亿日元的资金，但是这些公司主业发展较不乐观，倒不如凭着具备 AAA 的财务资质，勇闯银行业，还比较有发展的可能性。

这些因为有公有资金的投入而得以存续，但完全不支付任何利息的银行，与其挽救它们，倒不如让一些发展较好的企业进入银行业，对于国民而言，一定会带来更多的利益。

唯一不易处置的应该说是倒闭银行的职员，这些银行职员本来就缺乏资金的运作能力和对顾客的提案能力，只是在银行工作，就可以得到较高的薪资报酬。这样的时代已经结束，为了自己的前途，建议他们还是尽早离职，寻找适合自己的工作。

不管是土地还是银行的问题，如果日本不从旧有的价值观念中跳脱出来，那么，即便经济已经有了新气象，也丝毫无法被察觉。

土地和银行的问题就讨论到这里，接下来要讨论的是新经济，我们要在这个看不见的新大陆中预知商机。

能预知五年后的世界的思维逻辑

先分解功能再进行思考

具备预知性，也就是说，能够看清楚现在正发挥作用的力量，并知道它在未来是否依然可以持续发挥作用。不仅如此，还要能够辨别出这个倾向是否会越来越强，还是只能维持甚至转弱。能够预先知道目前在起作用的几个要素当中，哪个才是影响未来最重要的要素，有了这样的思维逻辑，才算是具备预知性的条件。

要做怎样的训练才能够锻炼具有预知性的思维逻辑呢？首先，让我们来进行一个练习。

练习题

请想一想，移动电话在五年之后会是怎样的情形。

解说

直接针对这个问题本身来作答的人，其逻辑思维能力为零，当然也毫无预知性可言。为了锻炼预知性的思维逻辑，我们首先必须把移动电话所具备的功能加以分解，然后再设想这些功能在未来会如何合而为一。

对于移动电话的未来，我们可以描绘出几个可能的发展方向。立刻可以想到的是电子钱包的功能，还有就是电脑的功能——电脑的I/O终端，即作为输入（input）、输出（output）终端的功能。

首先，当作为电子钱包的功能提升时，我们能预测它可以结合地铁与公交车的Suica悠游卡①，或是结合自动收过路费的电子货币ETC卡②，说不定甚至可以与Edy③结合。也就是说，若将这些功能合而为一，未来就可以将钱包中的所有东西放入移动电话里。

现在将钱包打开，里面放有现金、借记卡、信用卡，还有汽车驾照。若要将这些全数放入移动电话中，是绝对可能的。由于日本

① Suica（Super Urban Intelligent Card）为日本火车公司在东京都圈内所使用的定期车票，是一种非接触型IC卡。

② ETC，自动收费系统（Electronic Toll Collection），在付费道路收费站所设置的天线，和车辆中搭载的终端进行通信，是一种车辆不必停车就能付费的处理系统。

③ Edy，由索尼公司开发的电子货币服务，可于各大加盟商店使用，以餐饮和超市便利店为主。

警界进步较为缓慢，所以移动电话可能没有办法具备汽车驾照功能，但是其他的国家说不定就可以开发出此功能。

如此一来，身份证、信用卡和现金支付功能，以及网络预付卡和电车卡的功能全部存入后，我们可以想象凸显电子钱包功能的移动电话是具有存在的可能性的。

接下来是加强移动电话的电脑功能，这样就可以处理较长篇幅的电子邮件，还可以使用谷歌等搜索引擎上网查询数据。可以想象移动电话具有电脑的功能，不过是时间的问题而已。其实，PDA（个人数字助理）率先在美国普及，只是现在又从 PDA 回到了移动电话。另一方面，电脑也已经具备了“Voice Over IP”所谓的 IP 语音传输电话功能。根据目前的开发状态，我们可以说电脑和移动电话已经彼此兼容了。

将移动电话完全电脑化时，人们可能会对按键操作感到麻烦，以后将陆续改为利用声音来输入。查询功能也是一样，用声音作为询问的输入，回答也能以声音输出，说不定移动电话就可以具备和声音结合的完整数据查询功能。

另外，就像是 KDDI 通信公司的 au 移动电话服务功能一样，与全球卫星定位系统联动，例如，在移动电话中输入请告知某某餐厅位置后，利用谷歌就可以搜寻到这家餐厅的位置，然后下载地图就可以得到前往餐厅的道路指示。为了将繁杂的输入程序简化，与声音的联动就显得不可或缺。

所以将移动电话完全电脑化，而且可以利用声音辨识及声音输出，可以说是最人性化的功能了。

以“移动电话的未来”为题

另外一个功能就是作为电脑 I/O（输入 / 输出）终端。目前，移动电话已经具备照相机的功能，也就是说，这个照相机俨然已经成为电脑的输入终端。照相机这个产业已经不存在，而变成了电脑业界中的“影像输入终端部门”。支持这个论调的根据，就是现在的照相机业界已经以数字化为主流，没有电脑就无法冲洗相片。

从这个观点出发还可以看到，数字音乐播放器 iPod 也成为了电脑的一个输出终端。苹果电脑的史蒂夫·乔布斯也只不过考虑到下载最新的音乐放入 iPod 中，让它变成像随身听的播放器而已，真正能够发挥功能的，应该是接下来我所要提到的方式。

将移动电话中的硬盘部分再稍做加强，使用者如果可以从家庭服务器中下载自己所喜爱的音乐的话，就可以不要 iPod。作为电脑 I/O 终端，不只是照相机，连 CD 随身听也被放入移动电话中了。这时候产生的阻碍是使用头戴式耳机的麻烦，但只要使用无线式的耳机就可以解决了。

原本使用移动电话就不应该利用接线的方式来进行。即使有些人因为听说电磁波对于脑部有害而在使用移动电话时用耳机和麦克风，也往往很快就放弃了。因此，如果音响等级的无线耳机能开发成功的话，一定相当具有震撼力。这样就相当于移动电话具备电脑的功能，变成音乐和影像的 I/O 终端。

如果能发展到这样的程度，移动电话就不仅可以作为和任何人沟通的媒介，同时也能将 iPod 等功能全部合而为一，成为能够享受音乐和影像的娱乐终端，另外也是电子钱包的完美载体。

移动电话成为身份证明

如果声音可以用于辨识是否为本人，那么，移动电话就可以具备安全保护功能。移动电话都配备红外线，可以将汽车等的钥匙功能置入。

接下来再将移动电话与全球卫星定位系统联动，利用移动电话的钥匙打开车门。而如果将移动电话装入全球卫星定位系统，与对方打电话或通话的时候，就可以把双手空出来了。或是利用声音查询附近美味的拉面店，全球卫星定位系统就可以用声音的方式告知前进的路线，甚至可以转化成影像显示出道路指示图。

全球卫星定位系统是卫星通信，无法双向沟通，但如果将移动电话利用数据通信网与网络进行连接，便可以将数据从网络上下载，通过移动电话输出到全球卫星定位系统的屏幕上观看。

到此为止所提到的内容，全都是由预知性所衍生出来的构想。我考虑的是，移动电话所具备的基本功能绝对适用于未来的生活。刚刚所举的例子当中，没有一项是技术层面办不到的。

但是，业界和我的看法不同，所以始终无法整合功能。汽车的钥匙早已经使用指纹或是声音作辨识的依据，也已经使用红外线功能。全球卫星定位系统同样如此，只要输入电话就可以得到欲前往目的地的道路指示。移动电话虽然已经配备照相机功能，但是使用方法仍然繁复而不易理解。就这样，每个行业各自为政，各干各的。

移动电话将取代所有的卡

接下来以电子钱包为主题，从使用者的角度来加以探讨。现今在日本有 Suica 卡、ETC、Edy、FeliCa（具备电子钱包、身份证和悠游卡功能）[①]，再加上 VISA 和万事达等信用卡公司，

① FeliCa，由索尼公司开发的非接触型 IC 卡，具有电子钱包功能、具备确认使用者身份功能，也可以用于搭乘电车、超市购物及订购机票等方面。

它们各有各的经营方式，但对于使用者而言极不方便。

例如，Suica 卡虽然可以用来买东西，但范围局限于车站里面。虽然企业强调使用范围会慢慢地扩大，但“慢慢地”是不能够被大家接受的。各种卡再怎样分别增强自己的便利性，如果没有依照最原始的构想设计，就会在使用上变得缩手缩脚。即便是进步到电子钱包的时代，使用者也非得同时随身携带无数张卡，否则就有可能无法搭乘地铁，或者无法支付高速公路的过路费用。

应该将各家企业的业务加以整合，由其中一家公司统一所有的构想。例如，由 NTT DoKoMo 集团将所有的功能整合为一，把 Suica 卡和 ETC 等全部融入且统一标准化，移动电话才会变成功能绝佳的电子钱包。

如今能将各种功能合而为一的就是移动电话。

移动电话常常在通信网上成为个人的身份证明，当你使用移动电话的信用卡功能的那一瞬间，发卡中心会读取你的 ID。当怀疑身份而要求有所响应时，声音就可以借由通信网的传输来进行确认，是一个能够确认是否为本人的构造设计。例如，Suica 卡并不能证明使用者本人的身份，一旦被盗取，用户也就无能为力了。所以最终有优势的商品，一定是有连接网络的移动电话。

像这样想到未来的事情，打印机的例子可以拿来作参考。一直到最近，传真机、复印机和打印机仍然是相互没有关系的产品。但是我在二十年前，就在《企业参谋·续篇》这本书中提过“复印机是扫描仪”的看法，并且在日本各地发表过演讲。

有处理器的功能，还有输入及输出的功能。输入的元素可能是人物或景色，也就是所谓的照片，如果是建筑物的设计图，则被归类为影像数据，实际上，这些基本上都是相同的元素。所以我才会在二十五年前就说，不论是打印机、复印机还是扫描仪，应该可以合而为一，变成一项新商品，而一直到最近这项产品终于诞生，作为新商品投入市场（事实上，是打印、扫描、复印、电话、传真五机合一）。

移动电话也是如此，五年后一定也会朝着前文所述的方向发展。就像现在的DoKoMo，以前不过是不同船只上的人为了通话而设计出来的通信产品，不论是想象力还是新技术的知识面都不够，但是如果可以将这些整合，相信应该有可能创造出改变世界的新产品。

换个说法，就像是将以往的各座小岛联结而成一块新大这就是一种理性思维的推理能力，而具备这种能力的前提就是拥有努力求知不懈怠的态度。

陆。如此的世界，就是我一而再、再而三所强调的“看不见的新大陆”。

零星小事能汇成长篇好故事

我们将现在移动电话的功能细分，来看看各个功能比起五年前是否有所进步。哪一个功能进步最快？人们是如何利用移动电话的？针对每个问题仔细思考，若是可以预见未来的话，势必就会朝那个方向发展。为什么我会这么说呢？因为如果技术面可行，而且使用者认为这样使用才最方便，那么在发展过程中，不论各家厂商经由怎样不同的路径进行，最后也一定会朝着这个方向发展，因为忽略使用者的想法是不能获得成功的。

对五年后的移动电话进行预测，也就是在五年后你可以说“我的确有先见之明”，但事实上，这就是一种理性思维的推理能力，而具备这种能力的前提就是拥有努力求知不懈怠的态度。

例如，我就会因为想要知道 Suica 卡的实际利用状况而亲自去观察。在车站的便利店中，到底有多少人在买东西时会用 Suica 卡结账？有多少人会用 Suica 卡过车站收费的闸口？这不是研究 Suica 卡这项产品，而是要实际去看人们到底如何使用它，仔细观察人们在买什么东西时使用它。

就像寻找解决问题的方案中所提到的一样，我认为要证实自己的假设，唯有进行实地的调查研究。因此，我甚至曾经在车站压低帽子、戴上太阳镜去仔细观察顾客的行为。自己买瓶饮料，常常假装在收款机前面排队，不断地让后面的客人先结账，不厌其烦地仔细观察顾客的行为。为了搜集信息，真可以说是费尽心思。

我说出对五年后的移动电话的想法，并非因为掌握特别的资料或是有奇迹般的构想。我相信各位对我目前所叙述的每一部分都很清楚，问题是如何将知道的事情进行整合思考，形成一个系统之后会如何，有没有具备能够引导出答案的思考逻辑，看自己是否具备将许多小事汇成长篇好故事的能力。

别让进度落后

现在，移动电话显然已成为人们生活的一部分，这个现象不单单是在日本，全世界都有同样的趋势。

我在中国时，一定会去做足部按摩。足部按摩算是一项非常辛苦的工作，因为一整天下来，顾客人数并不少，但是按摩师一个月的收入才一万日元左右。我询问了足部按摩的女师傅，她们在移动电话上的花费，竟然高达五千日元，剩余的五千日元必须支付一个月内所有其他开销。但是，收入的一半竟然全部花费在移动电话上，这是令人惊讶的事情。

我去做足部按摩时，就会询问一些问题，例如问对方有没有移动电话、使用频率如何、和哪些人谈了一些什么内容，等等。某些人或许会认为这是多管闲事，但这些女师傅并没有觉得我讨厌。只要在中国，我就会每天去做足部按摩，所以，可以以这些中国足部女按摩师为样本，向她们询问有关移动电话的事情。现在移动电话对于她们而言，重要性仅次于生命。

比起日本人，芬兰人和丹麦人早就将移动电话当作生活的一部分，买东西时会用移动电话，也早已将它当作身份证来使用。很少有我想不到的案例，但这样的案例已经出现。

前一阵子我在美国造访花旗银行时，便将我在五年前所预言的使用移动电话可以预订飞机票，放在电子钱包的范畴中进行研究，而实际上美国也开始实施了。例如，想要搭乘美国航空公司125航班时，用移动电话查出这班飞机的空位显示表，而后将座位表保存至移动电话的图像记忆功能里。登机划位时只要把电话给对方看就完成手续，完全不需要用机票。

日本的NTT DoKoMo一定也能够办得到，只是现在还没有提供这项服务。现有服务只是利用移动电话预约后，到了现场通过看移动电话的画面来换取机票，还没有进步到完全不用机票的程度。

现在，全世界的航空公司在一年间总共卖出约三亿张机票，如果全部电子化，就可以节约三十亿美元经费。从便利性来看，它的效果更是无法衡量的。

以日本而言，马上就会有人提出：如此发展速度，对于不会使用电脑网络或是移动电话的老年人来说太快了。其实对于一部分跟不上新方法的人，只要用以往的处理方式不就好了吗？如果为了配合进展缓慢的部分而压制必然发展的方向，这

> 如果为了配合进展缓慢的部分而压制必然发展的方向，这就像是执意要将潺潺流动的河水堵住一样，非常不合理。全世界现在都是以突飞猛进的速度开拓那块看不见的新大陆。

就像是执意要将潺潺流动的河水堵住一样，非常不合理。全世界现在都是以突飞猛进的速度开拓那块看不见的新大陆。

逻辑思维让发展新事业变得简单

我乐于进行这样的思维，对于自己的生意也很有帮助。我在自己创办的创业家商学院（Attackers Business School）中，教学生这个思维方法，而他们也能在课余做更进一步的思考，这套方法是非常有用的。在学生和我不断的共同思考之下，我自己的教学水平也得到了提高，也学习到如何更深入地思考问题，以超越自己的思想局限。

如此一来，原本认为自己不具备预知性的学生也渐渐地了解到，若依功能差别一一分解来进行思考，的确是可以预知未来的。如果幸而没有其他竞争者，那在我这个培训学校取得资格执照后要展开新的事业就非常容易。例如，在我的双向商业教学频道“商业·突破”（Business Breakthrough）进行远程教学的同时，也缔造了成功的商业范例，发明了取得资格执照的策略方法，我想大概没有人像我这样做生意吧！

其中的一个例子是，我最近在日本取得远程教学的出缺席点名方法的专利权。这个专利权在日本的审查过程花费了相当长的时间，足足有四五年，随后我将在美国提出申请，预计一年内取得。

远程教学的困难之处在于，学生是通过电视或者宽带网络接受教学，如何能够确认学生是否真的在画面前？这是对授课机构的一大考验。换句话说，就是出缺席的确认。之所以会有这个构想，是始于我与美国南加利福尼亚大学（USC）交涉时，对方因为没有办法确认出缺席而无法给予学分。

如何能够确认是本人在接受教学呢？我注意到电脑内藏时间的功能。在远程教学的时候，屏幕显示时间，这套系统会在旁边显示出“START”的字幕，并表示在几分钟之后，必须按下某个英文字母或是零到九的数字按键来响应刚刚画面所显示的字。例如，当画面显示“X”时，学生就必须按下“X”键来响应。

在授课的过程中点名，最后则显示出“END”字幕。当学生也响应“END”时，则再次出现是否要确认出缺席记录的信息。此时通过网络就可以确认这位学生的按键和时间的间隔，并且可以让学生下载确认接受视听教学的凭证。

接下来会出现是否想接受考试的信息，若回答要接受考试，随后即可进行与视听教学内容相关的测验。考试内容不是测试学问知识的难度，而是测验学生对于教学内容是否理解。根据答案给予分数，若低于六十分，则告知请再一次接受视听教学。南加利福尼亚大学是最早成立网络教学的原创学校，我在将这套确认系统介绍给这所大学的人时，他们惊呼甘拜下风，同时也希望能够让他们使用这套确认系统。

因为这套确认系统也在美国进行了专利申请，所以应该可以成为全世界通用的视听认证系统。从现在开始，如果想利用远程教学得到视听认证的话，就得使用我的这个专利。

这甚至还不是我之前所提到的预知性，而是在探讨最先进的事物时，不经意间碰撞出来的新需求个例。但是，这也是当你提出一个问题后，经过不断地重复进行思维训练，蓄积、培养解决问题的能力。

现在，让我们再提出一个和刚才“五年之后的移动电话”相关的问题。

练习题

今后的五年之内，你认为在家庭中普及的新型 IT 产品会是怎样的？

解说

我想大家一定各有看法，但我认为五年后一定会普及的产品是：具有家庭服务器概念的储存机器。

家庭服务器是具有 240 GB 或是 300 GB 记忆容量的 HDD，然后将它与宽带网络连接。在这里面可以放入影像和声音、音乐以及所有有关家庭记录的东西，大概是十部左右的电影、到目前为止所拥有的照片（大约 1 GB）、收藏的 CD，再加上以前所有的 LP 黑胶唱片（约 30 GB），等等。另外，将合同书、银行存折、养老保险等所有数据转换成 PDF 文件，再存入。影像画面与其保存，倒不如观赏完后再下载新的影像，这样的利用方法我确信是未来家电的新宠。

将这个家用服务器接在无线或有线的家庭局域网络，然后再连接家庭成员每个人所拥有的个人电脑和客厅的电视、电影、音乐和家庭相册等，就像是家庭成员共同拥有的数据室，大家可以同时观赏电影，或是一起回味照片中的时光；另一方面，对先生的数据或是太太的数据，女儿或是儿子的数据，都建立家庭成员的资料防火墙，就可以保护个人的隐私。

绝对会普及的家庭服务器

说到影像画面，包括各个时期的各类照片，对它们加以整理，可以用不同的形式来搜寻。也就是说，感觉像是将自己一生的记录整理在一个平台中。各种相关合同的数据或是家中所有产品的说明手册等也可以整理归档，必要的时候再将这些资料调出来看就好了。为了避免因为发生火灾而让数据消失殆尽，可以在数据中心做备份处理，每隔几个星期备份一次，将中心的备份数据同时更新即可。

或许有人认为一旦家庭服务器普及之后，在中央集中管理的数据中心将不再有业务，因而，这些事业或组织将抵制家用服务器的普及。事实恰好相反，资料中心并不会就此消失，反而应该比现在更为蓬勃发展。

如果有了这样的家庭服务器，即便是当我出差住在外面的酒店时，酒店里若装有 Wi-Fi（无线 LAN）或是宽带网络线路，我就不仅能收看酒店的有线电视，而且可以读取自己家里的服务器，选择观赏自己喜爱的电影，或是调出喜欢的 CD 来欣赏音乐。

如此一来，现在电脑的视频功能就显得粗糙了些，而且音质也必须提升，厂商也应该注意这些问题才对。

如果把家庭服务器中的数据下载到移动电话中，就可以随身携带，并且从电话中可以看到影像画面。例如，当朋友问起你妈妈的长相时，就可以当场从移动电话中调出家庭服务器的照片。

现在移动电话的画质仍然不好，但已经有 320 万像素，而且将来会有 400 万像素甚至更高像素的商品出现。若有了 400 万像素的话，其实就不需要比这更高的清晰度了，因为只要拥有这个程度的移动电话，当然就不需要照相机了。现在移动电话的内存虽然不够，但是只要将拍摄的东西马上传输回家庭服务器即可，不一定需要大的内存。

若可以推出这样的系统，相信大部分现代人一定想要这种产品。现在 240 GB 或是 300 GB 的 HDD 价格大概要十万日元，五年后的话，我想家庭服务器的价格应该也会设定在十万日元上下。

厂商二十年不变的思维模式

我们已经进步到这样一个时代，但是至今仍然没有出现类似的产品。明明在技术层面完全办得到，只因为企业的想象力不足而无法实现。

家庭服务器是非常具体而明确的，如果想象五年后的家庭生活，不论是微软的比尔·盖茨、思科的约翰·钱伯斯、IBM

前任总裁郭士纳，还是日本的家电企业，也都朝着错误的方向发展。

如果不能从所谓的智能家电或是智能家庭茫然的思维方式中跳脱出来的话，今后二十年仍将是现在这样的模式而不会有所改变。

人在外面时就可以遥控家中浴室的洗澡水温度，回家后马上就可以洗澡，或者在你使用了冰箱里的东西之后，就会自动帮你订购东西，智能家电标榜的就是这一类的功能。类似这种构想，早在二十年前就在日本的富士通和 NEC 的展示会上出现过。而现在去 IBM、思科和微软的展位上，依然出现像这样梦幻般自动化的住宅商品。到了傍晚时分，会自动将家中的窗帘拉上，但实际上，比尔·盖茨自己做的自动窗帘却没有自动拉上，这件事情被当成笑话在美国各地流传。

在任何地方，设计梦幻般的住宅的确会引起一番骚动，大家想象以后的家真的会变成这样，然而却没有真正顺利实现。为何会如此呢？那是因为搞设计的那些人不懂得人性，不像我这样去做验证的工作，只是在实验室里思考，在象牙塔里设计商品。

那么，接下来会发生什么事情呢？一回到家马上就可以泡个舒服的热水澡，的确是非常了不起的想法。但是现实生活中，在外面先将洗澡水温度设定好后，突然要和朋友碰面出去吃饭，结果浪费了水电。而且，现在的家庭卫浴设备要将洗澡水放好只需三五分钟时间。明明马上就可以将洗澡水准备好，这个设计却使人在外面就可以放好洗澡水，似乎没有人会感激这样的发明。

智能家电的另一项诉求是回到家时室内很温暖，让人在外面就能开启家中暖气。然而现在的大楼建筑开启暖气后，房子马上就会暖和，而且独栋建筑的隔热性也加强了，所以似乎也没有这个必要。若是对以前的传统木质日本建筑说不定有用，但是住那种房子的人会去利用这样的系统吗？

“自动补足电冰箱中用完的东西”这个构想，也是不懂得人性，只是空谈谬论。我所经营的 Everyday.com 这家专门输送生鲜食品的配送公司，在创业时期曾经花了一整年时间对六百位家庭主妇进行调查。结果得知，家庭主妇对于可以自动补足缺货这件事情厌恶至极，没有比家庭主妇更容易改变主意的人了，自动补足时，一定会听到对方抱怨原本这一次想要购买不同的东西。在自动收到订货的信息而将货品送达时，一定又会听到她们说“明明想要换别的牌子，好不容易才用完，结果怎么又送来了”，其实我们才想要抱怨呢！

家庭主妇往往凭感觉购买东西，去超市时，她只要觉得这个不错，或是便宜个一块钱，就会购买原本不想买的东西。

这一设想如果用于厂商的库存管理，说不定就会很方便，但是厂商负责人和家庭主妇的想法是完全不同的。没有理解这一部分的不同，而假定家庭的适当存货量和公司一样，发明这样一个补货系统，当然不会成功。

成功模式的四要素

相信现在大家已经能够充分理解预知性并非预言，也不是直觉，但在成功的经营者中，仍然有人会说是神的启示或者突发的念头等预言性的话语。但是，我们分析成功的原因之后，就可以知道这些并不是突然闪过的念头或是某种启示，多半是可以整理出来的、有理可循的成功模式。

这个模式有四个要素，也可以说是预知性的充分必要条件。根据前面所举的例子，让我们来探讨成功模式的四个要素。

1. 事业领域的定义必须明确。

这个要素，譬如说“家庭服务器”就比“智能家电”或者

“智能家庭”明确。也就是说，不要含糊笼统，而是要明确将来发展的方向。在实际的事业发展中，这也隐含着避免经营资源分散的意义。移动电话的例子也是一样，将功能合而为一的定义就非常明确。

2. 分析现状进而推断未来的方向，针对因果关系来设立简洁而具说服力的假说。

移动电话的例子中，根据现在所有的信息设备来分析现状，并预测未来的发展方向，进而建立是否移动电话还没有完全整合为一的简洁假设。家庭服务器也是一样。由理性思维来引导出推论，在意义上就是和单纯的构想不一样。

3. 专注于自己应选择的方向，即使出现几个可能的选择，也应该专注其一。

这是事业发展的重要因素，如果什么都舍不得放手，通常半途而废的可能性最高。在几个可能的选择方案中，一定要分析出哪一个的成功概率最高，排出优先级。在现在这个时代，不具备专注精神就无法取得胜利。

4. 不能忘记基本假设，排除已经发生变化的情形但不偏离原则。

在开展事业的过程中，最容易出现问题的地方就是状况有变导致方向有所偏差。特别是经济和业界的动向等因素最容易使经营者产生动摇，除非前提状况有很大的变化（例如其他公司早一步开发出同样的产品、相关法规有了非常大的改变，或是经济状况起变化，等等），一定要遵循最开始所设定的基本假设。

只要具备前面所叙述的理性思维逻辑，就可以归纳整理出这些要素。特别是 3 跟 4 是发展事业的时候非常重要的因素，所以先锻炼 1 跟 2 的思维模式，有助于强化预知性。针对所有事物，进行“五年后会变成如何”的假设性思维，是非常好的训练。

练习题

请试着在一张纸上写出五年后你自己会变成什么样子。

第七章 开拓者的思维

在这个时代，企业界人士必须具备的是突破既有价值观的思维能力，换句话说就是，具备在商场上的突破能力与开拓者的思维逻辑。不局限于旧有的价值观，将自己的构想和预知性活用在新的事业与社会的系统改革中，我们需要这样的理性思维能力。

冲破旧商业的障碍

让大型企业“突然消失”的想法

正如我所说，世界已经产生极大变化，新大陆的诞生使得任何人都有机会开拓这片领域。在前面一个章节，我们讨论了许多五年后的现象，但是在这块新大陆上，淘汰也是以飞快的速度进行着。

最明显的例子就是，二〇〇四年二月美国销售音乐CD的大型企业淘儿音乐的倒闭事件。其原因在于苹果电脑的iPod和该公司的在线音乐销售网点 iTunes Music Store。看不见的新大陆是一个无界限空间、互联网空间，所以人们通过网络就可以从世界各地购得你所想要的影像或是音乐。而且，CD 与下载音乐不同，CD 中也收录了你并不想听的曲目，要高价购买，而在网络上，你只需以便宜的价格下载你喜爱的音乐即可。CD 零售商的衰落是必然的。

特别是 iTunes Music Store 这样的模式，带给市场的震撼实在太大。首先是以一首歌曲九十九美分的超低价格吸引大众，然后，从那里下载的音乐和具备大存储空间的 iPod 可以系统性联动。在二〇〇三年四月 iTunes Music Store 网站建立后，不到一年的时间，就成长为每周可以销售一百五十万首以上歌曲的网上商店。

淘儿音乐过去就怀有对未来的不安全感，但在当时，营业额还没有明显减少。但是，自从 iPod 和 iTunes Music Store 上市后，淘儿音乐的股价急速下跌，最后竟然导致破产。股票市场甚至以音乐 CD 销售业已经没有未来为由，命令所有传统营业形态的 CD 销售业者从股票市场中退出。

全球第三大媒体公司维亚康姆（Viacom）旗下的大型录像带出租企业百视达（Blockbuster）也陷入寻找买家的窘境。将

> 在这样的新世界中，看不见的新大陆以飞快的速度变化着。不能适应这种变化的企业，即便是大型的优良企业也会“突然消失”。

来会不会产生影像下载服务？这样的想法使得股东对于影视租售业的未来打上问号，因而与百视达终止关系。当事业如日中天时，也要预测未来，要有随时断然放弃的打算。

在这样的新世界中，看不见的新大陆以飞快的速度变化着。不能适应这种变化的企业，即便是大型的优良企业也会“突然消失”。

而且，连目前可以说是市场领先者的iPod，也面临前一章节所说的挑战，五年之后，iPod被移动电话整合的可能性极高。

问题是，如何在这个严酷得像战场的新世界中成为胜利的一方。关键在于，就如同iPod和iTunes Music Store将淘儿音乐驱逐于市场外一样，旧有的营业模式将会被淘汰。

在这个时代，企业界人士必须具备的是突破既有价值观的思维能力，换句话说就是，具备在商场上的突破能力与开拓者的思维逻辑。不局限于旧有的价值观，将自己的构想和预知性

不局限于旧有的价值观，将自己的构想和预知性活用在新的事业与社会的系统改革中，我们需要这样的理性思维能力。

活用在新的事业与社会的系统改革中，我们需要这样的理性思维能力。

可能性就存在于看不见的地方

如同淘儿音乐被在线音乐销售网站所取代一样，传统相机照相用的胶卷也被数码相机取代，这个产业中的世界最大企业伊士曼·柯达也正在急速的业绩滑落中苟延残喘。就连数码相机也早晚会变成电脑的输入/输出终端，被移动电话取而代之。

在某种意义上，这些变化虽然是我们看得到的事情，但是考虑到社会的变革和商业机会，千万不要忘记在看不见的地方有更大的可能性。

在未来的时代，我觉得最具震撼力的不外乎利用数据通信方法的 M2M，也就是“Machine to Machine”的构想。

移动电话是 P2P，也就是 Person to Person，自己和对方都是人类。例如，在日本所有人同时利用移动电话通话的一瞬间，这个通信网就会爆满。一亿人持有移动电话，在承载五千万对通信的时候，通信网就饱和了，但若是M2M，就没有上限。

利用M2M可以做什么事情呢？我们举出非常具体的例子来说明，像是在自动售货机上装设感应器，哪一种果汁卖了多少罐、还剩下多少零钱，等等，都能够转化成数据传输出去。这些数据在销售公司的电脑中经过处理后，就可以指导变更营业货车的路线，有助于提高效率。

类似的例子比比皆是。例如，最近许多人忧虑住宅安全问题。从保安公司购买了安全系统的人，大都经历过在天快亮时，警备人员匆匆忙忙地直奔而来的情况。那或许是因为乌鸦从红外线照相机前飞过，被当作小偷侵入住宅。因为常常有类似的事情发生，所以在知名保安公司SECOM的电视广告中，描述小偷之所以得以成功潜入有名的棒球教练家中，是因为他们将报警器关掉了，结果报警系统完全没有发挥功效。

然而，现在已经有可以利用感应器在瞬间进行影像分析的技术了，使用这项技术就可以辨识从红外线照相机前闪过的到底是乌鸦还是人类。感应器若判断入侵者为人类时，便使用数据通信技术将信息传送到保安公司或是警察局，如此一来，保安公司的人就不会再为了乌鸦而疲于奔命。相同的原理，如果在河的上游架设雨滴感应器，在危险的时候，就可以传送请下游的居民尽快撤离的信息了。

除此之外，还有很多 M2M 的利用方法，我们来进行以下的练习。

练习题

请考虑如何提高东京市营公交车的服务质量，并且消除经营赤字。

解说

对于这个问题可以进行以下思考。例如，事先在公交车的座位下方放置载重感应器，将各个座位的使用情况传输出去，让在车站等待的人可以得到下一班公交车是否有空位的信息。甚至不仅传输到公交车站，而且传送到个人的移动电话中，如此一来，不管身在何处都可以获得信息。

固定线路的公交车在塞车的时段容易挤成一团，迟到的公交车往往因为车站中已经有许多等待的乘客，每站上上下下，使得延误情形更为严重。结果常常迟到的公交车挤得像沙丁鱼罐头一样，随即而来的下一班公交车却没有什么乘客。

若利用 M2M 进行公交车和车站信息互动的话，例如下一班公交车三分钟后到达，有七个空位，或是再下一班公交车将于十分钟后抵达等信息，让乘客可以事先得知。

如此一来，就可以缓解公交车挤成一团的情形，也不太会出现挤得满满的公交车和空荡荡的公交车这样不均衡的状况了。所以说，我们可以很清楚地知道，乘客非常需要得到这样的信息。如果市营公交车真的体贴乘客，要提高服务质量，应该马上去做这件事。

可以利用M2M技术的地方随处可见，若不断地思考，应该可以发现新的商业契机。

麦当劳等公司对过去所有的数据进行分析，借此判断依据季节的变化、时间的不同而需要雇用多少工读生。若是东京市营公交车也进行相同的分析，一定也可以知道什么时间段让小型公交车载客即可，或是将车次间隔的时间长短做调整，等等。通过这样的方法，不仅可以提升服务质量，也很有可能使营运费用减半。

M2M商机无限

炎热的夏天，一旦室外温度超过三十五摄氏度，商品的变质速度是非常快的。随着室外温度的上升，低温保存架内的温度也会上升。所以，配合室外温度自动变换冷藏装置的设定，就可以让低温保存架保持在恒温状态，用M2M技术很容易就办得到。

可以利用M2M技术的地方随处可见，若不断地思考，应该可以发现新的商业契机。在这五年间，M2M的影响力应该足以让整个产业结构发生重大变化。

例如安全性层面的问题，如果认真考虑利用M2M的话，保安公司大概就会消失不见。利用数据通信技术得知入侵者为人类时，应该通知警察而非保安公司。所以信息数据就不会传输到保安公司，而是警察局。也就是说，保安公司只是目前一个过渡性的公司。

如果担心警察不能马上赶到，事先可以安装扩音器，在得知有入侵者的同时，就自动发出警告，例如，“我们已通知警方”，或是“我们已经拍摄下你的照片了，再逃也没用，赶快去自首吧”，等等，甚至可以借由扩音器发泄你的怒气，大声喊出：“你在干吗？”

我要强调，这种产生构想的模式，不是在现在这个时代才有用，从一九八五年开始，各行各业中已没有所谓专业人士了。所有发展事业的机会，都是从这个模式而来。一个新构想的实现，往往迅速淘汰了原有产业。不论现在是十八岁、二十三岁，还是四十三岁、六十三岁的人，当然也不分性别、国籍，在发展新事业的时候，每个人都机会均等。

考虑“十倍的效果”

要发掘如此大的商机，事实上非常简单，去思考有没有方法能产生十倍的效果就可以了。不要去考虑产生 1.2 或 1.5 倍效果的方法，一定要考虑十倍、二十倍，甚至三十倍。或者是思考接下来要让保安公司消失，把佳能当作下游厂商来使唤，还有如何才能打败索尼，等等。

康柏电脑（Compaq）的创始人罗德·肯尼恩（Rod Canion）和投资者本杰明·罗森（Benjamin Rosen）都是以打倒 IBM 作为开始新事业的动机。虽然罗森后来说过，接下来的目标是通用汽车公司，于是和弟弟一同进行引擎的开发，但非常可惜，似乎没有成功。

用 M2M 来做思考的对象，其范围几乎涉及所有领域，最重要的还是要充分了解数据通信的原理。数据通信网如果通过移动电话的传送，就可以不论走到哪里都很有用。虽然，数据通信当中常用到的“ubique”是“无论何时、无论何地、无论与何人”的意思，但重点是要能进行双向通信。或许以前只有神才看得到的事物（拉丁语中 ubique 也有“神所在的地方”之意），现在只要有移动电话，谁都有机会看得到。关键就是感应器。

所谓感应可以利用照相机，或是利用味道，或是利用温度。例如加拿大的银行就是利用脸形来辨识顾客是否为本人；

也有的是利用指纹辨识，但是一旦手指被切断，就什么都没有了，所以这种方式是有风险的。虽然也有利用眼睛的虹膜作为辨识的方法，但现在加拿大的银行都利用脸部骨头的形状来辨识。警察从庞大的数据中找出犯人的指纹，这样的技术早已经确立，所以也可以通过感应脸部骨头形状来找出想寻找的人物，例如将恐怖分子本·拉登的影像进行记录，说不定逮捕他的机会就会大大地增加。

如果将这套辨识系统应用于机场等地，安检工作就能往前迈进一大步。

另外，在汽车里面装设酒精感应器，一旦感应器测到驾驶人员饮酒，就可以通过数据通信网通报此信息。此举对保险公司最为有利，只要签订开车不喝酒的条款，保险费用就享有对折优惠，像这样签订具有灵活性保险条款的保险公司一定会出现。虽然附加必须在车内安装酒精感应器的条件，但只要不喝酒驾车，保险金就能减半，一定有很多人愿意加入这项保险，如此一来，保险公司肯定门庭若市。

如果感应到酒精的成分，还可以发出信息通知对方“你在喝酒的状态下开车，五分钟后引擎将会停止，请立即将车停靠在路旁”。这只是其中一个设计方式，相信还有很多可以运用

M2M 技术的方法。

以味道感应器作为主题加以思考，例如东京煤气公司可以在各个家庭中设置煤气防漏感应器，大声发出“现在是不是有煤气外漏”等报警信息，甚至一旦感应到煤气后，马上将此数据传输出去，既可以节省人力，也可以及时应变。现在煤气公司或者电力公司每个月必须派人查看煤气表和电表，如果能将表中的数据传输出去，也就可以省掉这些人力。

若变成电子化政府，就不需要政府了

日本政府虽然一直在说要实施 e-Japan 计划，但是官员本身一定不懂到底什么是电子化政府。若以数据的运用来思考，在 e-Japan 的时代里，较为极端的说法，就是不需要政府了。

例如选举投票，如果不久的未来，移动电话具备 ID 的功能得以实现的话，人们在世界任何角落都可以投票。如此在一个星期前就可以开始投票，开票的时候只要将数据库打开即可。不需要监票的选务人员，开票时也不需要人手，而且瞬间就可以完成。不在境内者也不需要办理投票所必需的麻烦手续。

据说现在一次众议院选举要花上八百亿日元的费用，而这些花费也可以节省下来。这样一来，国民可以低成本地进行无数次投票，甚至可以将国民的直接投票权利提升到参议院的层次。

还有很多其他不再需要而可以舍弃的事物，我们把它们拿来当作题目试试看。

练习题

请考虑政府机构的窗口业务，有哪些是可以撤销的。

解说

稍做考虑之后，政府机构的窗口业务，净是一些不需要的项目。无论是领取户口簿还是其他事情，全都是利用网络就可以处理的，根本不需要窗口。

我在这里就不一一举例了，就拿新加坡的例子来说，建筑许可证的申请，现在通过CAD系统就可以受理。随后只要判断是否符合标准，在瞬间就可以发出许可证。而日本县厅的建筑许可认证，现在还得花上一个月时间。

在日本，因为建筑基准法规中有些部分需要经过实际评估，所以无法通过电脑来进行，但是建筑基准法规本来就是可以电脑程式化的。现在在新加坡运作的系统就是由日本的电脑公司编程的。但是，日本的政府官员极力抵制，因为如此一来，自己将无用武之地，因此，他们死也不将需要做实际评估的这个业务放手，这正是无法电脑化的理由，实在令人汗颜。

不再需要政府机构的窗口业务

特别是许可认证这样的业务，为了避免不法勾当或是不公平的事情发生，最好精简实际评估的部分。这样一来，几乎就可以进行电脑化作业而不需要机构的窗口业务。居民和企业也可以省去麻烦，加快取得许可证的速度，这些应该都能提高效率。

即使窗口的存在有其必要性，也完全不需要像现在这样，还在讨论周末、节假日是否需要窗口业务。通过网络处理即可，一天二十四小时，一年三百六十五天都可以开放窗口业务。在日本的晚间时段，则雇用在洛杉矶或伦敦的日本家庭主妇做兼职，用电话进行窗口服务，如此一来，就可以二十四小时用日语服务。谁说在网络另一端服务的窗口人员，必须坐在东京都厅的服务处？

事实上，这个提案是我在参选一九九五年东京都知事时，提出二十五项公约中的一项愿景。或许这个想法过于超前而无法获得理解，但是以当时的技术是绝对可行的。我当时还说明如此一来，就能提高服务质量，降低成本。这当然引起都厅职公务人员应该将行政服务的部分尽量自动化，对于谋划立案的部分，应该多多训练思维能力，善于利用自己的智慧。

员们反对的声浪。

按这种思路不断地思考，到底有没有必须有公务人员服务的地方，得到的答案是几乎不存在。即便是小政府（small government），最后几乎都会变成无政府（no government）。现在成为大问题的养老金也是一样，如果全部由电脑来处理的话，民众就不会因为不记得有没有支付过或是不记得何时领取之类的问题而发生诉讼了。

我认为政府的工作理当如此。如果说真要留工作给公务人员，应该就是属于计划的部分。例如，满怀热情希望将某个地方建设得更好，这种思考，就是机器办不到的。公务人员应该将行政服务的部分尽量自动化，对于谋划立案的部分，应该多多训练思维能力，善于利用自己的智慧。

公务人员不应该对缩编重组的问题感到害怕，而是应该将自己的定位转移至知识性生产的工作层次，并且乐于挑战任何变化。

教师回归原本应该做的事情

要说公务人员中占最多数的，应该就是教师。如果在教育现场或者通过宽带网络找出教学方法高超的教师，一起进行全国性教学，其他老师将会失去工作机会。那些只依照教学大纲像机器般吐出内容的教师，将被远程教学取代，充其量只能称之为教学助理而已。而这样的时代马上就会来临。

我从一九九八年开始在宽带网络上进行管理层的教学，曾经有一次同时进行三百人的教学，发现这个方法是很有效的教学方式。我在自己允许的时间里进行远程教学，也可以利用网络来进行课程研讨，一旦碰到学生不明白的地方，还可以提供必要的新教材。学生可以根据自己的进度学习，双向的教学方式远比传统的教室教学有效。经过自身的实践，我更深信在未来的某一天，学校教育一定会有大变革。

事实上，身为教师，最重要的工作应该是指导学生规划未来，并从生活、精神两方面对学生的人生发展进行指导。现在的教师就是因为没有做到这一点，所以才会被远程教学淘汰。但如果逆向思维，会发现这也是一个机会，或许能使教师不再

> 或许能使教师不再对学生进行填鸭式的教学及灌输旧有的价值观念，而是帮助学生在人生道路上顺利发展，全心全力去做身为教育者原本应该做的工作。

对学生进行填鸭式的教学及灌输旧有的价值观念，而是帮助学生在人生道路上顺利发展，全心全力去做身为教育者原本应该做的工作。

通过这一设想，若能改革学校的教育方式，培育出适合当教师的人才，那么，教育必定会有更显著的进步。

来吧！让我们迈向荒野

看不见的新大陆的四个空间

如前所述，新经济已然开始，看不见的新大陆在一九八五年被发现，是比尔·盖茨所率领的微软公司发行 Windows 系统 1.0 的那一年。在那一年前后，急速成长的企业有如雨后春笋般陆续出现。

甲骨文公司算是最早的电脑公司，成立于一九七九年。其他企业几乎都是一九八〇年之后成立的，太阳微系统公司（Sun Microsystems）是一九八二年，戴尔和思科是一九八四年，Gateway 2000 是一九八五年。谷歌则是到了一九九八年才诞生，但于二〇〇四年八月股票上市时，市价总值已经高达三万亿日元，竟然超过通用汽车和福特。

之前的企业，都是在时代的变革时期才成立，就某种意义来说，仿佛是幕府末期的志士。然后在一九八五年，掀起如明治维新般的数字信息革命，朝着看不见的新大陆时代前进。随后的二十年间，我们就像是置身于与宇宙飞行速度般的变化之中。

在本书的前言中，我提到了新经济、看不见的新大陆在四个经济空间中成形。

1. 实体经济

“实体经济”是一个从旧世界以来就持续存在的空间。就如同虽然我们已经进步到量子力学的时代，但仍需利用重力的思维方式，所以这个空间绝对不会消失。但是，这个空间会迅速变得越来越狭窄。

2. 无国界经济

对于“无国界经济”的空间，我想应该没有必要再多做说明。这是一个所有事物均能跨越国界而自由往来的空间，所有的企业无国籍化，得以跨越国界自由从事企业活动，金钱、人与物也可以跨越国界自由流通，而且这个无国界空间的居民不会受局限于国家国民的框架中。

针对这个空间，我在至少二十五年时间里，只要一有机会就会持续发表这个论点。其中，一九九〇年出版的《无国界的世界》还受到全世界的注意，随后，这世界就完全依照书中所描述的那样加速改变。在二十世纪七十年代时定义市场和竞争对手，多半能对竞争对手的策略发挥其反击功能，但在无国界的世界里，无论是政治家还是企业家，通过定义目前的竞争对手来拟定策略，其结果都不会成功。

3. 互联网经济

“互联网经济”这个空间，我想也不需要再多说。现在，全世界的互联网使用者仍在持续激增。我把这些人称为互联网社会的居民。他们的共同特色是他们的状态已经调整到可以直接存取全世界的信息，并且蓄势待发地齐声说：“我准备好了！”

在线音乐销售网点从天而降，导致淘儿音乐破产的是这群人。传统照相机被数码相机所取代，逼迫柯达公司快要走投无路的，也是这一群人。接着，他们还要促使移动电话整合数码相机和iPod，成为一款新商品上市。他们随时随地处于战斗状态，等着迎接数字化社会即将带来的更大一波浪潮。

网络人口的增加，改革创新的人口扩大，这都使得新经济的互联网空间进一步扩大。也就是说，看不见的新大陆正在不断扩张当中。

我不希望造成误解而在这里事先说明，这个空间并不只是网络而已，除此之外，所有的通信手段都包含其中。例如，移动电话即使没有连接网络，也可以被当成电子钱包带在身上，接受互联网经济的支持。

4. 倍率经济

“倍率经济”空间，要了解这个空间也许有点困难。这是一个可以以自己资本的一百倍，借入价值一千倍的资金来运作，进行倍率（multiple）扩张的经济空间。例如，导致全世界通货危机的对冲基金，就是一个容易理解的例子。

但是，要补充说明的一点是，对冲基金只占其中极小的部分，实际上导致通货危机的，是在最危险或是当面临危机时，将资金从其他国家转入美国的企业或是拥有巨额资产的个人。也就是说，造成金融危机的人是国民本身，是无国界经济空间的居民，也就是互联网经济空间的居民。

企业并购的时候最常出现倍率经济的特性。实体经济的世界中，企业的价值是依据未来期待收益所换算出来的净现值，但是，处于看不见的新大陆中的企业，则是根据将来市场占有率的期望值来决定企业价值的多寡。因此，它们才可以做到动用自己资本的几十倍甚至几百倍的巨额资金，去吞并比自己更强大的企业。

举例来说，市场的新加入者活力门（Liverdoor）网络公司，因为收购近铁所放弃的棒球队伍而一举成名。老牌企业近铁的前景不被股票市场看好，相反，一九九七年才崛起的活力门却得到很高评价。因此，堀江贵文才可以口出豪言地表示，公司的资金充裕到可以轻而易举地养一支棒球队。

了解了这样一个新经济、看不见的新大陆后，对前一章节当中所介绍的日本政府对于土地及银行的处理态度，你就可以清楚了解到政府为何没能从旧有的价值观中跳出来。

绝佳机会即将到来

反过来说，假设从发现看不见的新大陆以来，已经过了二十年，如果要说走在前面的较具优势，在这个时代倒并非如此。例如谷歌崛起于一九九八年，短短几年间已经成为总市值三万亿日元的企业。

谷歌这个有如“小偷”的巨型搜索引擎，进入全世界的网页获取信息。这样的构想，并非是电脑公司或是与信息相关企业的那些所谓走在前面的人想出来的点子。创造谷歌的是斯坦福大学的两个博士研究生，就如同击出一记扭转局势的全垒打一样精彩。

在日本成立一家新公司，远比在美国缓慢。很可惜，现在蓬勃发展的也多是一些老企业，松下电器或是日产汽车的复苏，都可以让整个社会沸腾好一阵子。只要佳能和理光一增加收益，就可以显现出日本势力在数字革命方面仍显活跃。但是，相较于绝大部分美国势力是由这二十年间的新企业所产生的，日本的势力则得依赖旧势力的复苏。

老企业得以重生，也是一件好事，但我前面所描述的世界，似乎是一个无论索尼还是松下都没有察觉到的世界，我真的很想跟新人们说：“不要害怕，放手去做吧！”相信这对日本而言也是一个大好机会。

接下来，不进行改革的领域应该几乎不存在了，所有事物将会迅速发生改变。因此，对于想要发明新事物的人，或是想要创造全新企业模式的人，现在绝对是最佳时机。从现在起，不要受限于过去的事物，想到新事物、接触到新事物、想到以往没有的新做法，或是将以前没有的东西作为服务来提供的这些人，将会取得胜利。

戴尔电脑成立于一九八四年，后来成为世界第一的电脑公司。这是一家具有强烈破坏性的公司。这家公司严格地自我否定，不时检讨自己还没有达到最好、还得想想办法以求更好，或是一定要想出新的东西等。也就是因为如此自我要求，戴尔才能有今天这番成就。

微软的比尔·盖茨的每一天，一定也都是在思考新事物吧！某些企业经营者，相对于那些担心明天公司就要倒闭的人，说不定心里仍然认为自己的公司前途无量，而和真正成功的公司形成令人觉得很讽刺的对比。

接下来的世界是一个还没有人涉足的全新世界。就像是西部牛仔电影中的世界一样，任何人占领加州或是获取得州大牧场的机会是相同的。

接下来的世界是一个还没有人涉足的全新世界。就像是西部牛仔电影中的世界一样，任何人占领加州或是获取得州大牧场的机会是相同的。因此，有没有抱着“现在开始也绝对没问题，下定决心去做”的想法，就决定了可不可能有所突破。

总之，可以突破的人和突破不了的人之间的最大差异就是碰到自己没有遇到过的问题时，是逃避还是尝试解决。从一开始就可以看到成功之路的人，在现今世界中是不存在的。

你的能力与年薪匹配吗？

你如果认为自己反正只是领固定工资的上班族，和这个问题没有什么关系的话，就大错特错了，这就如同我常说的温水煮青蛙的情形一样。青蛙跳到锅中，水温渐渐升高。青蛙虽然察觉到变化，却没有进一步思考，只想着水温升高但还蛮舒服的。于是温水变成了热水，青蛙也就变成水煮青蛙了。

现今日本社会的商界人士到了四十岁左右，其年薪大概从六百万日元到一千万日元不等，年薪一千万日元的话，就是在全世界范围内不到1%的极少数精英分子。

但在这里我想要问各位上班族，你们可以写出符合自己年薪的能力吗？如果是音乐家，会有比赛的得奖经历、演奏履历，在节目单上，也能写上自己具有在一流音乐厅开音乐会的资格。在新世界中，即便是上班族，也要求有个人能力和责任。商界人士更需要在名片上写下自己的头衔。

所有音乐家都不是有钱人，几乎没有人年薪达到一千万日元，滑雪或是冲浪的选手同样如此。各位上班族，你们只是一直在做一些符合每年所赚取的年薪的事情吗？

战后的日本企业，总裁和一般职员在年薪上并没有很大差距。总裁和新进职员的收入，仅仅相差八倍，而同时期美国克莱斯勒总裁艾科卡和新进职员的年收入差距则达一千倍。索尼的盛田先生说过所以美国才会不行，年收入差距为八倍的日本是大家共同创造出来的世界，但是那样的时代已经结束，团结一致，齐声高唱代表企业的歌曲，挥舞着企业的旗帜，如此的企业已经完全崩溃瓦解了。

上班族的年薪也进入差距有一百倍的时代。

大学毕业，进入社会二十年后，你的年薪将可能是五百万、五千万甚至五亿日元。

年薪五亿日元的话，你可能是一位开创新事业的创造者，在新的创意中不断地开疆拓土的人。年薪五千万日元的话，则是成为拥有别人所没有的创意能力的人。若只是依照吩咐去执行的知识蓝领阶层，年薪大概有五百万日元吧！

所以，我并不是说某某人的目标应该锁定在五亿日元，或是某某人的目标在五千万日元，重点是在这些选择方案中，你会选择哪一条道路。我所要强调的是，沿着你所选择的道路从头开始，获取知识的方式也必须符合你的选择而有所调整。

当然，在新的世界中，即使是赚取五百万日元，也要求具有与其相符的能力。换句话说，知识蓝领阶层的工作性质就是勤劳的附加价值，而这样的工作几乎都转移到了中国或是印度。发达国家的商业人士，接下来就得吃“知识的附加价值”这碗饭了。一直以来，用勤劳的附加价值来赚取收入的人，必须认识到你的年薪可能会从五百万日元降到两百万日元，如同“温水中的青蛙”。

每天都要训练，和对手碰面也要有一决胜负的心理准备，随时都要做到尽心尽力。若能将此变成平日的生活态度，你终有一天能成为“神枪手”。

每天都要磨亮“头脑”这把枪

不容否认，在推陈出新的新世界，在看不见的新大陆里，充满无限可能性，但也如同美国西部的荒野一样荆棘丛生而充满危险。因此，平时就要磨亮腰际的枪支。每天都要训练，和对手碰面也要有一决胜负的心理准备，随时都要做到尽心尽力。若能将此变成平日的生活态度，你终有一天能成为“神枪手”。

在商业战场中，枪就是你的头脑，就是本书中所揭示的七个思考路径。

最后，请实践每天的例行训练。期待你勇于拼搏！